Superar una imagen corporal distorsionada

Lorraine Bell y Jenny Rushforth

Superar una imagen corporal distorsionada

UN PROGRAMA PARA PERSONAS
CON TRASTORNOS ALIMENTARIOS

Traducción de:
Miguel Ángel Coll

Alianza Editorial

Título original:
Overcoming Body Image Disturbance. A Programme for People with Eating Disorders
Authorized translation from the English language edition published by Psychology Press, a member of the Taylor & Francis Group
Traducción autorizada de la edición en inglés publicada por Psychology Press, miembro de Taylor & Francis Group

Primera edición: 2010
Tercera reimpresión: 2023

Reservados todos los derechos. El contenido de esta obra está protegida por la Ley, que establece penas de prisión y/o multas, además de las correspondientes indemnizaciones por daños y perjuicios, para quienes reprodujeren, plagiaren, distribuyeren o comunicaren públicamente, en todo o en parte, una obra literaria, artística o científica, o su transformación, interpretación o ejecución artística fijada en cualquier tipo de soporte o comunicada a través de cualquier medio, sin la preceptiva autorización.

© Lorraine Bell y Jenny Rushforth, 2008. Reservados todos los derechos
© de la traducción: Miguel Ángel Coll Rodríguez, 2010
© de esta edición: Alianza Editorial, S. A., Madrid, 2010, 2021, 2022, 2023
Calle Valentín Beato, 21; 28037 Madrid
www.alianzaeditorial.es

ISBN: 978-84-206-6970-0
Depósito legal: M.17.532-2010
Printed in Spain

SI QUIERE RECIBIR INFORMACIÓN PERIÓDICA SOBRE LAS NOVEDADES DE ALIANZA EDITORIAL, ENVÍE UN CORREO ELECTRÓNICO A LA DIRECCIÓN:
alianzaeditorial@anaya.es

ÍNDICE

AGRADECIMIENTOS 11

RECURSOS EN INTERNET 12

INTRODUCCIÓN 13

1. IMAGEN CORPORAL Y TRASTORNO DE LA IMAGEN
   CORPORAL 15
   ¿Qué es la imagen corporal? 15
   La preocupación por el aspecto 17
   ¿A qué llamamos problemas de imagen corporal? 18
   Cómo se desarrolla el trastorno de la imagen corporal ... 20
   Trauma, abuso en la infancia e imagen corporal 28
   ¿Qué reduce el riesgo de desarrollar un trastorno de la
      imagen corporal? 33

2. TRASTORNO DE LA IMAGEN CORPORAL Y DESÓRDENES PSICOLÓGICOS 37
   Imagen corporal y trastornos alimentarios 37
   Trastorno dismórfico corporal 43

3. ¿QUÉ FUNCIONA? EL DISEÑO DE ESTE PROGRAMA .. 47
   La evidencia de la investigación para mejorar la imagen corporal 47
   Lo que debe tratar un programa eficaz de imagen corporal 49
   Fundamento de este programa 54
   Líneas generales de este programa 57
   Ayudas para la evaluación y medición de resultados 58

4. TÉCNICAS TERAPÉUTICAS NECESARIAS PARA ESTE PROGRAMA 61
   Supuestos y principios 61
   Priorizar tareas en la sesión 62
   Trabajo en colaboración 65
   Descubrimiento guiado y cuestionamiento socrático 67
   La atención plena (*mindfulness*) y las tres «ces» 69
   Mantener una alianza terapéutica 69
   Emplear símiles, analogías, metáforas e historias *(SAMH)*.. 72
   Equilibrar la aceptación y el cambio 75
   Validación 77
   Estrategias dialécticas y de compromiso 77
   Poner tareas para casa 82

5. EL PROGRAMA 85
   Guía del programa 85
   Sesión 1: Evaluación 87
   Sesión 2: Discusión de resultados psicométricos y formulación personalizada 95
   Sesión 3: Atención plena I 99
   Sesión 4: Atención plena II 107
   Sesión 5: Cambiar hábitos inútiles 110
   Sesión 6: Postura no enjuiciadora 116
   Sesión 7: Los medios de comunicación 120

Sesión 8: Preparación para la exposición 125
Sesión 9: Exposición ante el espejo I 129
Sesión 10: Exposición ante el espejo II 134
Sesión 11: Revisar, consolidar el cambio y localizar problemas 137
Sesión 12: Plan de continuación 148
Revisión a las seis semanas 151

APÉNDICE 1: Un modelo psico-biosocial del trastorno de la imagen corporal y los trastornos alimentarios 153
APÉNDICE 2: Cómo me siento respecto a mi cuerpo (Escala de serie continua de la imagen corporal) 155
APÉNDICE 3: Folletos 157
APÉNDICE 4: Plantilla para una carta de despedida 209
APÉNDICE 5: Instrucciones de puntuación y normas para las medidas de la imagen corporal 211

BIBLIOGRAFÍA 221

ÍNDICE ANALÍTICO 245

AGRADECIMIENTOS

Queremos dar las gracias a nuestras colegas Amanda Jones y Lisa Butler por su corrección de pruebas y sus sugerencias de gran valor. Asimismo deseamos manifestar nuestro agradecimiento a todas nuestras clientes con trastornos alimentarios, de quienes tanto hemos aprendido y cuyo ánimo y persistencia en su recuperación es para nosotras un ejemplo.

También queremos expresar nuestra gratitud a los clínicos y a los académicos expertos en el campo de los trastornos alimentarios, en especial a Janet Treasure, Kelly Vitousek y Josie Geller, quienes siguen estando a la cabeza en el desarrollo de servicios de alta calidad para las personas que sufren un trastorno de la alimentación.

Lorraine Bell y Jenny Rushforth
Febrero de 2007

RECURSOS EN INTERNET

Los apéndices de este libro contienen hojas de trabajo que todos aquellos que hayan comprado la versión impresa pueden descargarse de forma gratuita. Por favor visiten la página web www.routledgementalhealth.com/overcoming-body-image-disturbance para encontrar información adicional sobre esta herramienta.

INTRODUCCIÓN

Este programa ha sido desarrollado como parte de una variedad de servicios que proporciona el Equipo de Trastornos Alimentarios de Portsmouth y South East Hampshire a personas mayores de 16 años. Se ha evaluado un piloto del programa empleando una serie clínica de seis pacientes que recientemente habían recibido tratamiento por anorexia nerviosa, bulimia nerviosa o trastorno alimentario sin especificar. Después de doce sesiones, dichos pacientes mostraron cambios estadísticos y clínicos en una serie de mediciones; entre ellas, la Rosenberg Self Esteem Scale [Escala de autoestima Rosenberg], el Body Attitudes Questionnaire [Cuestionario de actitudes corporales], la Body Dissatisfaction subscale of the Eating

Disorders Inventory-2 [Subescala de insatisfacción corporal del Inventario-2 de trastornos alimentarios] y la Bodily Shame subscale of the Experience of Shame Scale [Subescala de vergüenza corporal de la Escala de experiencia de la vergüenza].

El programa está concebido para utilizarlo con la estrecha supervisión de un terapeuta (preferiblemente experimentado en el tratamiento de los trastornos alimentarios), aunque si alguien tiene suficiente motivación puede seguirlo de forma independiente. Teniendo todo esto en cuenta, el libro se ha escrito tanto para las clientes como para los terapeutas. El capítulo 1 introduce el concepto de imagen corporal y el trastorno a él asociado. El capítulo 2 trata el trastorno de la imagen corporal y los desórdenes psicológicos relacionados con él; en concreto, los trastornos alimentarios y el trastorno dismórfico corporal. El capítulo 3 revisa la evidencia existente para el tratamiento del trastorno de la imagen corporal y la base teórica para el diseño de este programa. El capítulo 4 esboza las principales técnicas que necesitarán los terapeutas cuando lo desarrollen. El capítulo 5 aporta notas detalladas para los terapeutas sobre cómo dirigir el programa.

Asimismo, da la mayor información posible, incluidas unas medidas psicométricas recomendadas para ayudar a la evaluación del resultado. Las medidas en sí no se incluyen, pues no fue posible obtener permiso para todas las que recomendamos.

CAPÍTULO 1

IMAGEN CORPORAL Y TRASTORNO DE LA IMAGEN CORPORAL

¿Qué es la imagen corporal?

Una de las primeras definiciones de la imagen corporal es:

> La imagen que nos creamos en la mente sobre nuestro propio cuerpo, es decir, la forma en que lo vemos.
> Schilder (1935)

Además de la *percepción* de nuestro cuerpo, incluida la evaluación de nuestro tamaño, hay un aspecto *emocional* o actitudinal en la imagen, o evaluación, que tenemos de nuestro cuerpo; es decir, el modo en que nos sentimos respecto a él. Éste es el aspecto en el que normalmente nos centramos cuando hablamos de imagen corporal negativa en las personas con trastornos alimentarios, utilizando los términos *insatisfacción* o *rechazo corporal*. Slade (1988) describe los aspectos perceptivos y actitudinales en su definición:

> La imagen que tenemos en nuestra mente del tamaño, el tipo y la forma de nuestro cuerpo y nuestros sentimientos relativos a sus características y las partes que los constituyen.

Los psicólogos más recientes han añadido un tercer componente: nuestra *conducta*. De aquí que Rosen (1995: 369) defina la imagen corporal como:

> La imagen y la evaluación mental que una persona tiene... de su aspecto y la influencia de estas percepciones y actitudes sobre su conducta.

Thomas Cash (Cash y Deagle, 1997; Cash y Pruzinsky, 2002) distingue un componente *evaluativo* y otro de *inversión* (la importancia o la relevancia del aspecto de uno). La evaluación se refiere a la satisfacción o la insatisfacción con el propio cuerpo y las creencias sobre nuestra imagen física. La inversión se refiere a la importancia que la persona confiere a su aspecto.

En resumen, por tanto, una imagen corporal negativa normalmente tiene los componentes siguientes:

- distorsión perceptiva;
- incumplimiento de los irreales objetivos de tamaño y peso que conducen a la insatisfacción corporal y a un estado de ánimo negativo;

- inversión en el aspecto como criterio fundamental de la autoevaluación, lo que lleva a una atención selectiva hacia los mensajes relativos al físico;
- conducta, como la búsqueda de la delgadez a través de las dietas u otras medidas destinadas a perder peso.

La preocupación por el aspecto

La preferencia por el atractivo es universal. El «arreglo» del cuerpo para realzar nuestro aspecto (con ropa, cosméticos, peinados, joyas, arte corporal, etc.) les da a las personas el placer y el orgullo de su imagen física y es común a todas las culturas. Querer estar atractivos tiene mucho sentido, pues serlo confiere numerosas ventajas evolutivas y sociales. Hay una evidencia considerable de que a los niños y a los adultos atractivos se les trata de manera más favorable y experimentan una gran variedad de beneficios, aunque la mayor parte de esta investigación se ha centrado en el atractivo facial. Sin embargo, en la medida en que los mensajes culturales sobre el atractivo físico se «interiorizan» y actúan como ideales personales, pueden afectar de forma adversa a la evaluación de nuestro aspecto físico y la satisfacción que nos produce. Las personas con un físico atractivo no necesariamente están satisfechas de su aspecto, ni las personas menos atractivas son inevitablemente infelices con el suyo. Las *percepciones*, las *creencias* y los *sentimientos* de una persona respecto a su aspecto tienen más probabilidad de determinar su imagen corporal que sus características físicas reales.

La insatisfacción con la imagen corporal puede tener efectos devastadores sobre la salud psicológica y la física. Una imagen corporal negativa y una excesiva preocupación por la figura y el peso son rasgos cardinales de los trastornos alimentarios, aunque no para todos los que tienen trastornos de este tipo. La distorsión de la imagen corporal o una imagen corporal negativa no es exclusiva de los trastornos alimentarios. También se encuentra en los desórdenes neuropsicológicos, el «trastorno delirante» y el trastorno dismórfico corporal (TDC). Del TDC se hablará más adelante.

¿A qué llamamos problemas de imagen corporal?

Hay una variedad de términos que se emplean en la literatura académica para los problemas de imagen corporal, pero no son claros y están mal definidos. Una *imagen corporal negativa* (es decir, el descontento o una evaluación negativa de algún elemento de nuestro físico) puede abarcar desde unos moderados sentimientos de falta de atractivo a una obsesión extrema por el aspecto físico que perjudique el funcionamiento normal. La *insatisfacción corporal* es el resultado de una discrepancia entre el yo percibido y el ideal. Dicha insatisfacción corporal se ha extendido tanto entre las mujeres que ahora se considera la norma. Rodin et al. (1984) acuñaron el término «descontento normativo». El problema con el término *insatis-*

facción corporal es que no tiene en cuenta el efecto que ésta tiene para un individuo en términos de angustia personal o niveles de funcionamiento. La imagen corporal se puede ver en una serie continua desde lo positivo hacia la aceptación o hacia lo negativo, pero también es importante identificar el grado de inversión o relevancia para la autoestima o la autoevaluación del individuo.

Los pensamientos asociados a una imagen corporal negativa pueden describirse como «obsesivos», es decir repetitivos y molestos, o «delirantes»; esto es, distorsiones de la realidad que se mantienen con total convicción. «Ideas o creencias sobrevaloradas» podría ser un término más útil. Se sitúa a mitad de camino entre los dos por cuanto se refiere al grado de discernimiento en que, aunque estén arraigadas, la cliente podría reconocer que no necesariamente son verdad (Rosen, 1997).

Gilbert y Miles (2002) proponen el concepto de *vergüenza corporal* como consecuencia de las críticas de los padres, las bromas de las compañeras o el abuso sexual. Según muestran los casos observados, la vergüenza corporal está coherentemente relacionada con una mayor «vigilancia» del cuerpo, menor satisfacción corporal, menor bienestar psicológico y más problemas alimentarios. Thompson (1992) propuso el concepto de *trastorno de la imagen corporal*, es decir, un persistente estado de insatisfacción, preocupación y malestar que está relacionado con algún aspecto de la imagen física. Debe estar presente cierto grado de deterioro en las relaciones sociales, las actividades sociales o el funcionamiento ocupacional. Posteriormente, propuso que la gravedad se codificase de suave a severa, y que el objeto físico de la preocupación y cuán «objetiva» sea la queja sobre la imagen corporal se especificasen (de «válida» a «delirante»). Como esto no se utiliza de forma general, ni es un diagnóstico formal, emplearemos los términos *malestar de la imagen corporal* o *trastorno de la imagen corporal*.

Cómo se desarrolla el trastorno de la imagen corporal

Cultura

La influencia más potente sobre la imagen corporal es la cultura (McCarthy, 1990). Los medios de comunicación (revistas de moda, anuncios y programas de televisión, y películas) ofrecen «un continuo bombardeo de imágenes idealizadas de mujeres extremadamente delgadas» (Nemeroff et al., 1994). Esto favorece la «glorificación de la delgadez» (Gilbert y Thompson, 1996) al equipararla con el atractivo, la felicidad, la categoría social y el éxito, mientras que al mismo tiempo relaciona la gordura con connotaciones negativas como la pereza, la fealdad y el fracaso (Rothblum, 1994). Así, el aspecto y, en particular, la figura y el peso pasan a ser fundamentales para la autoevaluación de las mujeres y la valoración de sí mismas. Es probable que esto tenga una influencia especial en la adolescencia, cuando la principal tarea del desarrollo es el establecimiento de la identidad.

La investigación realizada hasta la fecha demuestra la existencia de vínculos entre las presiones socioculturales que fomentan la interiorización del ideal de delgadez y la insatisfacción corporal o la distorsión de la imagen corporal (Groesz et al., 2002; Polivy y Herman, 2002). Los estudios experimentales muestran cómo la exposición a las imágenes de delgadez de los medios y la presión interpersonal para ser delgada incrementan la insatisfacción con el propio cuerpo (por ejemplo, Hawkins et al., 2004; Turner et al., 1997). Además, varios estudios han hallado una relación directa entre la exposición a los medios de comunicación y las actitudes y las conductas de los trastornos alimentarios (Hawkins et al., 2004; Stice et al., 1994; Thomsen et al., 2001).

El trastorno de la imagen corporal es superior en las mujeres occidentales blancas o caucásicas (Altabe, 1998), pero debido a la globalización, los individuos de las culturas no occidentales están cada vez más expuestos a los ideales de Occidente. Diversos estudios han detectado una mayor incidencia de trastornos alimentarios con la occidentalización. La poderosa influencia negativa de los medios de comunicación occidentales fue demostrada en un estudio por Becker et al. (2002). Se identificaron índices de personas a dieta, alteraciones de la imagen corporal y trastornos alimentarios en muestras comparadas de 65 chicas de 17 años antes y después de que se introdujese la televisión en Fidji. No había ningún trastorno alimentario en 1995. En 1998, el 69 por ciento de las chicas se habían sometido a una dieta, el 74 por ciento creían que estaban demasiado gordas y el 11 por ciento se provocaban vómitos para controlar su peso (0 por ciento en 1995). El efecto psicológico negativo de la cultura occidental no es específico de los trastornos alimentarios. Los índices de enfermedades mentales o desórdenes psicológicos en general son superiores en los países más ricos (James, 2007).

El mito de la transformación

La búsqueda de la delgadez está imbuida del «mito de la transformación personal». Medios cada vez más drásticos de modificar el propio cuerpo se presentan ahora como normales; entre ellos, el uso de la cirugía estética. Los medios de comunicación fomentan la creencia de que podemos controlar nuestro aspecto si realizamos el esfuerzo necesario. Sin embargo, hay una diversidad natural en el tamaño y la forma corporal, que obedece a influencias genéticas de forma significativa. Además, el estándar de delgadez hoy en día es imposible de alcanzar a través de medios sanos para la gran mayoría de mujeres (Wolf, 1991). Las imágenes que ahora se nos presentan tal vez sean inalcanzables o sólo alcanzables por una minoría a través de conductas extremas (Hsu, 1989; Thompson et al., 1999). La figura femenina ideal se volvió más delgada en los últimos treinta años aunque las personas se hacían más grandes (Wiseman et al., 1992) y los índices de obesidad se elevaron. Varios cambios culturales hacen que cada vez sea más difícil mantener un peso bajo, como el aumento de las actividades de ocio sedentarias y el incremento no sólo del consumo de comida rápida, sino también del tamaño de las porciones de comida. Sin embargo, muchas mujeres creen que, con suficiente esfuerzo, pueden controlar su peso y figura corporal para alcanzar este ideal (McKinley, 2002) y que eso les reportará éxito en la mayoría de los ámbitos de su vida (Mussel et al., 2002).

¿Quién es vulnerable?

Se ha demostrado que una breve exposición a las imágenes de modelos delgadas que aparecen en las revistas produce diversos efectos negativos inmediatos, entre ellos una mayor preocupación por el peso, insatisfacción corporal y un estado de ánimo negativo. No obstante, esto incide más en unos individuos que en otros. Numerosos estudios indican que quienes ya tienen insatisfacción corporal son vulnerables (por ejemplo, King et al.; Polivy y Herman, 2004; Stice, 2001), como lo son las personas que padecen trastornos alimentarios (Pinhas et al., 1999) o tienen sobrepeso (Henderson-King y Henderson-King, 1997). Posavac y Posavac (2002) vieron que estas influencias son independientes de la autoestima global.

La investigación realizada muestra que las mujeres y las chicas que están más insatisfechas con su aspecto, o han invertido más en él, buscan un contenido concreto en los medios de comunicación. Las personas para quienes el aspecto es decisivo en el concepto que tienen de sí mismas *atienden de forma* selectiva a los elementos relativos a él de cualquier material que se les presente. Los sentimientos y las creencias que tienen respecto a su imagen corporal son entonces «activados» por las imágenes de los medios. Las que ya invierten más en su aspecto son más vulnerables a los efectos de las imágenes idealizadas que transmiten los medios de comunicación y son atrapadas en una espiral descendente en la que la imagen corporal negativa es exacerbada por una reiterada exposición a dichas imágenes. A la inversa, las mujeres con una baja inversión en su aspecto están «protegidas» del efecto psicológico negativo de dichas imágenes.

Por tanto, los tratamientos de la imagen corporal tienen que ayudar a que la gente cambie tanto el grado de inversión personal en su aspecto como su tendencia a la atención selectiva y, además, pensar de forma crítica y deconstruir las imágenes y los mensajes que nos presentan, concretamente aquellos que glorifican la delgadez y las dietas.

Género

Se ha descubierto que la preocupación por el aspecto físico tiene el doble de incidencia en las mujeres que en los hombres (Harris y Carr, 2001). La autoestima femenina a menudo está condicionada al grado de atracción percibido (Guiney y Furlong, 1999). Los mensajes culturales articulan los estándares de atractivo y falta de atractivo y expresan las expectativas basadas en el género que relacionan la feminidad y la masculinidad con ciertos atributos físicos. Cuando las mujeres definen la imagen de sí mismas de forma demasiado estricta por medio de la imagen corporal, esto es a costa de desarrollar un auténtico sentido del yo.

La preocupación por el cuerpo está creciendo entre los hombres; sobre todo, durante la adolescencia (Pingitore et al., 1997) y en los homosexuales adultos (Herzog et al., 1991; Williamson y Hartley, 1998). Sin embargo, es menos probable que la evaluación que los hombres hacen de su cuerpo afecte a su autoestima general del modo en que afecta a las mujeres (Polce-Lynch et al., 1998). En el caso de los hombres, hay pruebas de que la norma cultural en lo referente al cuerpo ideal cada vez tiene un carácter más muscular. Algunas imágenes masculinas idealizadas exceden el límite superior de musculosidad alcanzable sin un ejercicio intenso y/o esteroides anabolizantes.

Edad

Las chicas aprenden a muy temprana edad a controlar cuidadosamente su aspecto y mejorarlo para obtener la aprobación social. Las adolescentes son en especial vulnerables, porque están buscando información externa que les ayude a formar su propia identidad. Las jóvenes adultas con un bajo nivel de confianza en sí mismas suelen creer que su aspecto es responsable de cualquier fracaso que hayan vivido (Probst et al., 1997). La insatisfacción corporal o la relevancia del cuerpo tiende a disminuir con la edad, pero las mujeres de mediana edad y las mayores también experimentan la insatisfacción corporal y se ponen a dieta en un intento de perder peso (Lewis y Cachelin, 2001; Whitbourne y Skultety, 2002).

Actitudes familiares y aprendizaje social

Las expectativas, las opiniones, las comunicaciones verbales y las no verbales también se transmiten en las interacciones con miembros de la familia, amigos, compañeros e incluso extraños. El papel formador de los padres, sus comentarios y sus críticas expresan el grado en que se valora el aspecto físico dentro de la familia, estableciendo potencialmente un estándar frente al cual el niño se compara. Los estudios han demostrado la existencia de una correlación entre las preocupaciones de los padres respecto a su propio peso y/o el de sus hijos y la insatisfacción corporal de sus hijas (Slade, 1994). Los hermanos también pueden proporcionar un estándar para la comparación y la valoración del propio aspecto. Los hermanos, sobre todo los varones, son frecuentemente responsables de bromas o críticas relacionadas con el aspecto. Las bromas de los compañeros relativas al aspecto físico son comunes en la infancia y la adolescencia y predisponen a los individuos a la insatisfacción corporal. También, sobre todo en los colegios o las facultades, los compañeros pueden contribuir a la construcción de una imagen corporal negativa y a sentirse presionado para ponerse a dieta.

Imagen corporal y obesidad

En general se da por supuesto que las personas que son obesas deben sentirse mal con sus cuerpos. Esta asunción refleja el poderoso estigma social contra la obesidad. Sin embargo, los estudios demuestran que aunque la obesidad está relacionada con una mala imagen física (el peso corporal real es uno de los pronosticadores más fuertes de insatisfacción corporal), su grado de severidad varía considerablemente. Además, la variabilidad en la imagen corporal entre las personas con sobrepeso no está relacionada con el grado de dicho sobrepeso.

En las personas que tienen sobrepeso, la imagen corporal negativa es superior entre:

- las mujeres;
- los que fueron obesos de niños;
- los que tienen una historia de estigmatización (Myers y Rosen, 1999);
- los que tienen trastornos de ingesta compulsiva (Eldredge y Agras, 1996).

Otros factores de riesgo

Un concepto positivo de sí mismo puede facilitar el desarrollo de una evaluación positiva del propio cuerpo y servir de amortiguador frente a cualquier suceso que amenace nuestra imagen corporal. A la inversa, una autoestima deficiente puede aumentar la propia vulnerabilidad hacia la imagen corporal.

El perfeccionismo es otro factor que puede llevar al individuo a poner su autovaloración en elevados y exigentes ideales físicos.

Por último, una inseguridad afectiva, por la que los individuos busquen amor y aceptación y sin embargo no crean merecerlos, puede favorecer una imagen corporal negativa.

Trauma, abuso en la infancia e imagen corporal

Desarrollar una imagen corporal positiva en las culturas occidentales ya es bastante difícil para la mayoría de las mujeres sin el reto añadido de haber sido víctimas de abuso. Krueger (2002) describe cómo la imagen corporal puede quedar distorsionada por experiencias traumáticas vividas a edad temprana que implicaron la invasión corporal o que comprometieron la integridad del cuerpo. En un desarrollo sano, el cuerpo-yo y la imagen están integrados. Los individuos que sufrieron abusos en la infancia pueden crear un «falso yo» y relatar la sensación de no haber vivido nunca en sus propios cuerpos o no haberlos habitado auténticamente. Sus cuerpos nunca parecen ser los suyos. Comer, el ejercicio o la actividad física autoestimulante pueden ser intentos de crear un puente sensorial para sentir o habitar el propio cuerpo. Varias formas de autolesión o percibirse como fea en algún sentido (como en el TDC) pueden convertirse en una expresión concretizada de odio o disgusto hacia sí misma. Los supervivientes del abuso sexual tienden a hacer atribuciones más internas y personales respecto a los acontecimientos negativos que quienes no han sido víctimas de abuso sexual, y tienen una mayor inseguridad afectiva que se correlaciona con las preocupaciones por el peso y la figura.

Las víctimas del abuso tienen la probabilidad de desarrollar una imagen corporal negativa, lo que resulta en una insatisfacción corporal generalizada, sentimientos intensos de vergüenza (Andrews, 1995, 1997) o distorsión corporal. Podrían empezar a ver su cuerpo como enorme, desagradable o feo. A pesar de esto, las investigaciones realizadas no dejan claro si el abuso en la infancia conduce a mayores índices de trastorno de la imagen corporal. Un estudio sobre un colectivo de estudiantes no logró hallar una relación (Schaff y McCanne, 1994), pero esto podría ser porque no era una muestra clínica. Waller et al. (1993) encontraron una distorsión corporal más severa en los que informaron de abuso sexual reciente, y Treuer et al. (2005), en aquellos que habían sufrido abusos físicos o con una historia de abuso laxativo. Treuer et al. concluyen que el abuso físico, el abuso laxativo y el subtipo de ingesta-purga en la anorexia nerviosa son factores de riesgo considerables para una distorsión severa de la imagen corporal, y su presencia hace que sea peor la prognosis del trastorno alimentario.

Las víctimas de abuso sexual a menudo tienen una visión alterada de las partes del cuerpo que fueron violadas durante dicho abuso. En un intento por manejar la incomodidad que les produce su cuerpo y/o su sexualidad, pueden restringir o incrementar su ingesta dietética o su conducta de autolesión. Andrews (1995) halló que la depresión y los trastornos alimentarios eran los desórdenes psiquiátricos más comunes en dos generaciones de mujeres que habían sido víctimas de abusos sexuales, aunque índices similares de abuso se encuentran en la mayoría de las muestras de personas con una gran variedad de desórdenes psiquiátricos. Un meta-análisis de los estudios de investigación publicado antes de 1997 (Wonderlich et al., 1997) halló que el abuso sexual infantil no estaba relacionado específicamente con la bulimia nerviosa, que está asociado con una mayor patología psiquiátrica comórbida, pero no con una mayor severidad del trastorno alimentario. Los factores de riesgo no específicos, sin embargo, pueden ser muy poderosos: por ejemplo, fumar tal vez sea un factor de riesgo de cáncer de pulmón no específico (es decir, otras condiciones medioambientales también pueden incrementar el riesgo de cáncer de pulmón), pero no obstante es uno poderoso (Brewerton, 2005).

Rorty et al. (1994) hallaron un índice mayor de trastornos alimentarios en los que tenían una combinación de abuso físico y sexual en comparación con otros desórdenes psiquiátricos. Nagata et al. (1999) descubrieron que el abuso físico estaba más asociado a los trastornos alimentarios que el abuso sexual. Las personas que han sufrido abusos no necesariamente tienen más trastornos alimentarios o de la imagen corporal (Favaro et al., 1998; Schaaf y McCanne, 1994; Treuer et al., 2005; Waller et al., 1993), pero tienen más probabilidad de incurrir en conductas autodestructivas como los problemas con el alcohol, la autolesión o incluso los intentos de suicidio (Favaro et al., 1998; Fullerton et al., 1995). El abuso laxativo, más que la bulimia nerviosa en general, tiene más probabilidad de estar asociado con el abuso sexual infantil (Garfinkel et al., 1995) y está relacionado con un trastorno de la imagen corporal más severo (Neims et al., 1995).

Historia de abuso y recuperarse de los trastornos alimentarios

Matsanuga et al. (1999) descubrieron que las personas que habían sufrido abusos tenían una recuperación más deficiente de la bulimia nerviosa incluso después de un año. En un gran estudio de 464 mujeres tratadas por bulimia, Gleaves y Eberenz (1994) vieron que aquellas con «rasgos de peor pronóstico», entre ellos tres o más episodios previos de tratamiento, tenían una probabilidad significativamente mayor de haber sufrido abuso sexual en la infancia. Sin embargo, Fairburn et al. (1995) hallaron que una historia de abuso sexual en la infancia antes de la aparición de la bulimia no predecía resultados a largo plazo. Hay una considerable evidencia de que las personas con bulimia que han sido víctimas de abuso sexual poseen índices más altos de otros trastornos psicológicos (McClelland et al., 1991; Wonderlich et al., 1997). Sin realizar más investigaciones no podemos decir si son las experiencias relacionadas con el abuso o el tener múltiples problemas psicológicos lo que empeora el resultado en el caso de la bulimia nerviosa (Bell, 2002).

Ayudar a clientes con una historia de abuso

Se ha sugerido que los tratamientos destinados a las personas con trastornos alimentarios que tienen una historia de abuso deberían modificarse (Brown, 1997; Root y Fallon, 1989). Es posible que algunas pacientes ya hayan informado de una historia de abuso, o hayan recibido tratamiento para éste, y sigan luchando con el malestar de su imagen corporal. Otra posibilidad es que revelen una historia de abuso durante el programa; por ejemplo, cuando se confrontan cuestiones a través de la exposición o las tareas conductuales. Este programa no incluye ningún tratamiento específico para traumas o abusos. Sin embargo, recomendamos completarlo con trabajo adicional basado en la comprensión. También se pueden discutir posteriormente con el cliente posibles terapias psicológicas que podrían ayudarle más con estas cuestiones.

¿Qué reduce el riesgo de desarrollar un trastorno corporal?

También hay investigaciones que indagan sobre las circunstancias que ayudan a proteger a las mujeres de una imagen corporal negativa. Hay un buen resumen de esto en un artículo de Choate (2005). En él se sugieren cinco clases de «factores protectores»:

Apoyo de la familia de origen
Las chicas que desarrollan afectos sólidos y reciben reacciones afirmadoras para con su cuerpo por parte de sus padres tienden a desarrollar una satisfacción corporal (Kearney-Cooke, 2002). Kichler y Crowther (2001) hallaron que la formación materna de las actitudes y las conductas alimentarias era un pronosticador significativo de la imagen corporal de las chicas. Las madres que son capaces de resistir las presiones sociales de estar delgada pueden proporcionar una referencia positiva para sus hijas y, por tanto, procurarles una mayor fuerza moral. A la inversa, ver que la madre hace régimen de forma constante y está preocupada con la esbeltez tendrá un efecto negativo sobre la hija (Haworth-Hoeppner, 2000).

Satisfacción con el papel de género
Es útil reconocer los conflictos a los que se enfrentan las mujeres, en vez de interiorizar los papeles estereotipados, y desarrollar una forma más personal de alcanzar un sentido de identidad.

Concepto físico positivo de uno mismo
Las mujeres que participan en actividades atléticas tienden a tener una autoestima superior y una imagen corporal más

positiva (Mussell et al., 2000). Sin embargo, practicar deportes puede ser un factor de riesgo para los trastornos alimentarios, y algunas personas que tienen dichos trastornos hacen excesivo ejercicio.

Estrategias de afrontamiento
Las mujeres que son conscientes de los mensajes sociológicos relativos al peso y a la figura pueden protegerse de sus efectos negativos potenciales (Henderson-King et al., 2001). Las técnicas para criticar la construcción social de la belleza y la valía personal en el caso de las mujeres serán valiosas. Las técnicas de vida para tratar con el estrés y los cambios del desarrollo también son útiles y se incluyen en los programas preventivos de la imagen corporal.

Equilibrio y bienestar holísticos
Las mujeres que desarrollan todos los aspectos de sí mismas son menos vulnerables a las presiones culturales y tienen menor probabilidad de confiar en el peso y la imagen corporal para determinar su autoestima (McFarlane et al., 2001). Myers et al. (2000) describen cinco tareas vitales que contribuyen al bienestar:

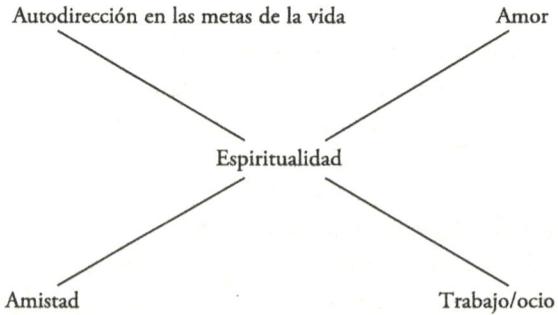

Desarrollar todos estos ámbitos proporciona un equilibrio de experiencias positivas y una sensación de sentido, objetivo e identidad que ayudará a proteger al individuo frente a las presiones de ser delgado.

CAPÍTULO 2

TRASTORNO DE LA IMAGEN CORPORAL Y DESÓRDENES PSICOLÓGICOS

Imagen corporal y trastornos alimentarios

La autoestima femenina está íntimamente relacionada con el atractivo o la imagen corporal; sobre todo, en las sociedades occidentales (Guiney y Furlong, 1999; Joiner y Kushubeck, 1996). La imagen corporal no tiene que ver sólo con la belleza y el atractivo; la delgadez también se representa como una manifestación de autocontrol o éxito. Éstos son los objetivos y las aspiraciones de las personas con trastornos alimentarios.

La insatisfacción corporal es un importante factor de riesgo para el desarrollo de un trastorno alimentario (Cooley y Toray, 2001; Polivy y Herman, 2002; Stice, 2002;

Stice y Whittenton, 2002) y predice diversas conductas de trastorno de la alimentación. La insatisfacción corporal también es un factor de riesgo para la depresión, así como la baja autoestima (Johnson y Wardle, 2005; Stice y Bearman, 2001; Stice et al., 2001). Una imagen corporal negativa muy a menudo está relacionada con el peso del cuerpo y algunas de sus partes sensibles al peso, como el abdomen, la cintura y los muslos. El otro gran factor de riesgo para el desarrollo de un trastorno alimentario es estar a dieta, aunque los programas de prevención eficaces se centran más en la imagen corporal que en la dieta (O'Dea y Abraham, 2000; Springer et al., 1999). El modelo mostrado en el Apéndice 1 (página 154) describe de qué modo se desarrollan y se mantienen el trastorno de la imagen corporal y los trastornos alimentarios.

Una vez que se han establecido las creencias de que «estar delgada es una señal de autocontrol y disciplina» o «mi autovaloración se mide por mi grado de delgadez», la atención selectiva, la tendencia confirmatoria y la rigidez cognitiva las perpetúan (Cash, 2002).

La preocupación excesiva por el tamaño y la figura corporal y una imagen del cuerpo negativa son rasgos fundamentales de los trastornos alimentarios (Gleaves et al., 1993). En DSM IV (APA, 1994), se añadió un nuevo criterio para la bulimia nerviosa, la «autoevaluación es indebidamente influida por la figura y el peso» (APA, 1994) y éste es uno de los tres posibles componentes de un criterio de anorexia nerviosa. Sin embargo, hay muchas personas con insatisfacción corporal que no desarrollan trastornos de la alimentación (Polivy y Herman,

2002). Asimismo, la preocupación por el peso y la figura no necesariamente están presentes en todas las personas con trastornos alimentarios (Palmer, 1993), sobre todo en la anorexia nerviosa donde el trastorno de la imagen corporal es menos frecuente en las culturas no occidentales (Khandewal et al., 1995; Lee et al., 1993).

Anorexia nerviosa

Una de las características más asombrosas de la anorexia nerviosa es la suprema importancia que se le concede a la figura y el peso del cuerpo y su valor decisivo para la autoevaluación. Lo más frecuente es que el trastorno se desarrolle a partir de la convicción de un defecto físico percibido que puede corregirse por medio de una dieta restrictiva y pérdida de peso. Los criterios diagnósticos para la anorexia nerviosa incluyen «un intenso miedo a ganar peso o a engordar incluso con menor peso del normal» o «trastorno en la forma en que uno experimenta su peso o figura corporal, indebida influencia del peso o la figura del cuerpo en la autoevaluación, o negación de la gravedad del bajo peso corporal real» (DSM-IV; APA, 2000). Aproximadamente, uno de cada cinco clientes que reúnen otros criterios relativos a este trastorno no presentan estos rasgos. Se ha argumentado que el trastorno de la imagen corporal es un concepto ligado a la cultura que no debería considerarse esencial para la diagnosis.

Fairburn et al. (1999) sugieren que al desarrollarse la anorexia nerviosa, el control sobre la comida, la forma y el peso del cuerpo se convierten en los indicadores principales de la autovaloración y el autocontrol. El examen del cuerpo se realiza para supervisar los cambios en el peso y la figura, pero tiene el efecto de magnificar las imperfecciones percibidas en el aspecto, conduciendo así a un círculo vicioso de examen y preocupación creciente con el peso y el tamaño. Como consecuencia, un examen corporal demasiado vigilante mantiene las creencias sobre la gordura y el tamaño. Las variaciones normales en el peso corporal pueden provocar grandes oscilaciones de ánimo en quienes examinan su peso de forma frecuente. La eliminación del examen es, por tanto, un objetivo importante del tratamiento (Reas et al., 2002).

La imagen corporal generalmente no mejora de forma rápida en el proceso de recuperación de la anorexia nerviosa y puede empeorar durante la ganancia de peso. Si mejora, suele hacerlo en las últimas etapas de la recuperación (Clausen, 2004). El trastorno de la imagen corporal es un pronosticador de recaída y las clientes se refieren a él como uno de los principales obstáculos para un cambio duradero.

Bulimia nerviosa

Las personas con bulimia nerviosa informan de niveles más altos de insatisfacción corporal (Cash y Deagle, 1997; Garfinkel et al., 1992) que aquellas que tienen anorexia nerviosa (Garner y Garfinkel, 1981; Garner et al.,

1984). (Cabría decir que comparten objetivos comunes aunque la persona con anorexia nerviosa tiene «más éxito» en alcanzarlos). La investigación demuestra que el trastorno de la imagen corporal conduce a ponerse a dieta, lo que aumenta el riesgo de desarrollar bulimia nerviosa. La insatisfacción corporal es el segundo indicador importante de bulimia después de ponerse a régimen (Stice, 2001). Las intervenciones que reducen la insatisfacción corporal ayudan a disminuir la patología bulímica. Stice y Agras (1998) hallaron que las elevaciones iniciales en la insatisfacción corporal predecían una persistencia más que una remisión de la bulimia nerviosa.

Aunque la Terapia de la Conducta Cognitiva o TCC (en inglés, Cognitive Behaviour Therapy) es una terapia eficaz, sólo lo es para aproximadamente el 50 por ciento de las personas que tienen bulimia nerviosa (Wilson, 1999). Parece probable que el tratamiento para la bulimia podría mejorar por medio de un enfoque más explícito en los desórdenes de la imagen corporal.

¿Por qué tratar la imagen corporal de las personas con trastornos alimentarios?

Hay varias razones de por qué tenemos que ayudar a las personas con trastornos alimentarios a mejorar su imagen corporal.

- Las clientes informan de su lucha para superar el deseo de ser delgadas como la parte más dura de la re-

cuperación (Rorty et al., 1993) y quieren más ayuda en este ámbito (Bell, 2003).
- La imagen corporal puede mejorar con tratamiento para un trastorno alimentario, pero sólo a un grado limitado (Jacobi et al., 1997) y principalmente en el caso de la bulimia nerviosa (Rosen, 1996).
- Las preocupaciones reiteradas por la figura y el peso o el trastorno de la imagen corporal se asocian con un resultado más deficiente (Ben-Tovim et al., 2001 —anorexia nerviosa—; Keel et al., 1999 —bulimia nerviosa—), recaída (Fairburn et al., 1993; Freeman et al., 1985) y un mayor abandono.
- El tratamiento para los trastornos alimentarios, especialmente la anorexia nerviosa, tiene resultados limitados y hay que mejorarlo.
- Muchos recomiendan ampliar la TCC para la bulimia nerviosa (Fairburn et al., 2003; Wilson, 2004), y varios especialistas en trastornos alimentarios (Reas et al., 2002; Wilson, 2004) y en imagen corporal (Rosen, 1996, 1997) proponen un tratamiento más eficaz de la imagen corporal o de la preocupación excesiva por la figura y el peso. Rosen (1996) concluye que dada la importancia que tiene la imagen corporal para el desarrollo y la recuperación del trastorno alimentario, debería incorporarse al tratamiento actual un trabajo más sistemático con ésta, lo que podría no sólo reducir el malestar, sino también facilitar el cambio en la alimentación. Wilson (2004: 247) afirma:

Dada la significación causal de las preocupaciones por la figura y el peso, un objetivo obvio sería desarrollar métodos más eficaces para su tratamiento.

Trastorno dismórfico corporal

El TDC es una preocupación angustiosa o perjudicial por un defecto imaginado o ligero en el aspecto. Las preocupaciones se centran con mayor frecuencia en el rostro, pero pueden afectar a cualquier zona del cuerpo o a varias partes de manera simultánea (Philips et al., 1993). Dichas preocupaciones están asociadas con baja autoestima, vergüenza, indignidad y miedo al rechazo y un alto riesgo de intento de suicidio. El TDC es angustioso y absorbe mucho tiempo, deteriora la calidad de vida y es difícil de resistir o controlar. Phillips y Diaz (1997) hallaron que de 188 clientes con TDC más de una cuarta parte habían estado completamente confinados en casa durante al menos una semana, más de la mitad habían tenido admisiones psiquiátricas y casi un tercio habían intentado suicidarse. Las personas con TDC tienen una cierta perspicacia; en torno al 50 por ciento podrían recibir un diagnóstico adicional de un trastorno delirante. La mayoría de las personas con TDC piensan que los demás se dan cuenta de su supuesto defecto: al mirarle fijamente, y hablar o burlarse de ello. Llevan a cabo conductas repetitivas que les requieren mucho tiempo para inspeccionar, esconder, «arreglar» u obtener tranquilidad respecto a un defecto percibido. Estas «conductas de control del aspecto» incluyen un examinarse, arreglarse, disimular defectos y compararse con otros a un grado excesivo. Aunque el objetivo de dichas conductas es disminuir la ansiedad, a menudo la incrementan y la mantienen.

Tanto el TDC como los desórdenes alimentarios conllevan un trastorno de la imagen corporal. Poseen rasgos comunes: inversión excesiva en la imagen física, conductas repetitivas, creencias sobrevaloradas y mantenidas con firmeza relativas al aspecto, así como una búsqueda de mejorar el cuerpo o el aspecto de uno. Rosen y Ramirez (1998) hallaron niveles similares de insatisfacción, examen y preocupación corporal en ambos grupos. De las personas con TDC, entre un 10 y un 30 por ciento sufrieron un trastorno alimentario en algún momento de su vida (Gunstad y Philips, 2003; Ruffolo et al., 2006; Zimmerman y Mattia, 1998), y los índices son incluso más elevados cuando se incluyen los trastornos alimentarios atípicos (los más comunes). La mayoría de los estudios (Grant et al., 2002; Ruffolo et al., 2006) hallaron que las personas a las que se diagnosticó TDC y trastornos alimentarios poseen niveles más altos de trastorno de la imagen corporal y tienen probabilidad de recibir más tratamiento, incluida la hospitalización. Grant et al. (2002) vieron que entre las clientes con ambos desórdenes había tres veces más probabilidades de haber intentado suicidarse. Estos hallazgos resaltan la importancia de evaluar a las personas que presentan cualquiera de las dos condiciones, y, por eso, hemos incluido aquí un esbozo del TDC.

¿Tienes TDC?

- ¿Te preocupas por el aspecto de tu rostro o de una parte concreta de tu cuerpo?
- ¿Esta preocupación a su vez te inquieta? ¿Piensas mucho en ello?
- ¿Has hecho algo para ocultar el problema o has tratado de deshacerte de él?
- ¿Cuánto tiempo piensas en tu preocupación cada día? (Un mínimo de una hora al día de malestar o perjuicio clínicamente significativos debe estar presente como referencia).
- ¿Qué efecto tiene en tu vida esta preocupación por el aspecto? ¿Ha interferido en tu trabajo, estudios, relaciones y vida social?
- ¿Tus preocupaciones por el aspecto te han causado gran malestar?
- ¿Tus preocupaciones por el aspecto han afectado a tu familia o amigos?

A diferencia de los trastornos alimentarios, el TDC afecta en cantidades similares a hombres y a mujeres, aunque como en el caso de aquéllos es probable que se desarrolle en la adolescencia. Pocas personas con TDC son diagnosticadas, pues sus niveles de vergüenza les impedirán buscar ayuda. También tienen más probabilidad de ver el problema como el defecto percibido y tratarán de resolverlo a través de la cirugía estética en vez de comprender su origen psicológico. El TDC puede mejorar con terapia psicológica (terapia de conducta cognitiva en particular —véase Neziroglu y Khemlani-Patel, 2002 para una revisión—) y pueden ser útiles elevadas dosis de un antidepresivo (SRI). Es poco probable que las personas con TDC se beneficien de la cirugía estética, aunque muchas recurren a ella. Tres cuartas partes afirman estar insatisfechas con el resultado y hablan, o bien de una exacerbación, o de ningún cambio en su TDC.

Dismorfia muscular

La dismorfia muscular o desorden dismórfico del músculo es una subclase del TDC. También se la ha llamado «machismo nervosa» como una variante de la anorexia nerviosa (Connan, 1998). A las personas con TDC, normalmente los hombres, les preocupa que su estructura corporal sea pequeña y enclenque cuando no es éste el caso en realidad. Aunque tengan una buena masa muscular, ellos creen que sus músculos son insuficientes. En un esfuerzo por resolver su percibida pequeñez, las personas con dismorfia muscular hacen levantamiento de pesos, entrenamiento de resistencia y ejercicio de forma compulsiva. Es posible que tomen esteroides u otros fármacos de formación del músculo: una práctica con consecuencias potencialmente letales.

CAPÍTULO 3

¿QUÉ FUNCIONA?
EL DISEÑO DE ESTE PROGRAMA

La evidencia de la investigación para mejorar la imagen corporal

La investigación realizada hasta ahora demuestra que la TCC puede mejorar la imagen corporal en quienes tienen una imagen corporal negativa (véanse Cash, 2002 y Farell et al., 2006 para revisiones). La TCC es más eficaz que ningún tratamiento (Butters y Cash, 1987) o un tratamiento no específico (Rosen et al., 1989). Sin embargo, la mayoría de estos estudios son pequeños, se basan en poblaciones no clínicas y tienen tiempos cortos de seguimiento, y los efectos del tratamiento son modestos (Rosen, 1996).

Se han publicado varios estudios menores sobre el tratamiento de la imagen corporal en personas con trastornos alimentarios. Key et al. (2002) compararon el tratamiento de la imagen corporal en enfermos internados en un hospital para recuperar peso con anorexia nerviosa con y sin confrontación o exposición al espejo. Los que recibieron exposición al espejo experimentaron una mejoría significativa a los seis meses; los que no, no mantuvieron el cambio. Hilbert et al. (2002) informaron de algunos beneficios de la exposición por parte de personas con trastorno de ingesta compulsiva en dos sesiones, pero no evaluaron cómo les fue en el seguimiento. Aparte de la exposición, no sabemos qué componentes del tratamiento son decisivos. Stewart y Williamson (2003) proporcionaron un programa de imagen corporal para paciente externo de dieciséis sesiones utilizando la exposición y la reducción en rituales de examen del cuerpo. Participaron cuatro clientes cuya insatisfacción corporal experimentó una mejoría, así como sus índices de depresión, ansiedad y rasgos de trastorno alimentario. Hilbert y Tuschen-Caffier (2004) hallaron que la exposición al espejo y la reestructuración cognitiva eran componentes igualmente efectivos al tratar la imagen corporal en quienes sufren trastorno de ingesta compulsiva. Por último, una reciente serie clínica de Farell et al. (2006), que incluía a tres clientes con trastornos alimentarios, ofreció resultados prometedores. Se trataba de una breve intervención en la que había exposición y algo de atención plena (*mindfulness*).

Lo que debe tratar un programa eficaz de imagen corporal

El conocimiento de los mecanismos siguientes del trastorno de la imagen corporal ha inspirado el modo en que hemos planificado este programa.

Estrategias empleadas para controlar la imagen corporal: conductas de examen y evitación

Las personas con trastornos alimentarios utilizan una gran variedad de estrategias, de las que tal vez no hablen en el tratamiento: ocultamiento del cuerpo, rituales de «corrección del aspecto» como pesarse de forma compulsiva, la tonificación muscular compulsiva o evitar llevar ropas que revelen las formas del cuerpo. Las conductas de examen pueden consumir mucho tiempo, pues las personas con trastornos alimentarios suelen organizar su vida en torno a su imagen corporal negativa. Puede ser que eviten las situaciones sociales que pongan de relieve su aspecto físico, que les hagan compararse con otras o examinar de forma ritual su peso o tamaño corporal (Reas et al., 2002). Farrel et al. (2004) hallaron que quienes tienen preocupaciones por su figura mostraron conductas de control cuando se miraban en espejos y pasaban más tiempo mirándose en ellos. También era más probable que evitaran mirarse al espejo y cuando lo hacían, experimentaban emociones negativas o ambivalentes. Comparar el propio aspecto con el de otras personas es también otra conducta controladora habitual en las personas con trastornos alimentarios (Toro et al., 1994).

Estas estrategias son intentos de neutralizar o minimizar el malestar que se deriva de una preocupación por el tamaño y la figura del cuerpo, pero acaban por mantener el problema y su malestar consiguiente (Williamson et al., 1999), de modo que hay que abordarlas en el tratamiento. Shafran et al. (2004) explican cómo el examen corporal magnifica las imperfecciones percibidas, creando así una preocupación mayor y reforzando las creencias negativas y los pensamientos y las percepciones exageradas sobre la «gordura». Cash et al. (2005) identificaron tres subescalas de afrontamiento del factor de análisis de 369 mujeres universitarias: evitación, arreglo del aspecto y aceptación positiva racional. Los esquemas de imagen corporal negativos estaban estadísticamente relacionados con la evitación y el arreglo del aspecto, pero no con el uso de la aceptación racional. La evitación y «arreglar el aspecto» también estaban más estrechamente asociados con niveles más altos de insatisfacción corporal. Myers y Rosen (1999) asimismo hallaron que quienes emplearon más estrategias de afrontamiento de adaptación deficiente, como el monólogo negativo o la evitación, estaban más insatisfechos con sus cuerpos.

Estimación del tamaño corporal

Aunque la sobreestimación del tamaño corporal no es exclusiva de quienes tienen trastornos alimentarios, más del 50 por ciento de las personas que los padecen sobreestiman su tamaño corporal en comparación con aquéllas de una edad o procedencia similar que no tienen esa clase de trastornos (Collins et al., 1987; Horne et al., 1991). La sobreestimación podría estar asociada con un resultado más deficiente en las personas con trastornos alimentarios (Norris, 1984), pero generalmente se piensa que es un rasgo más que una causa del desorden. Cash y Deagle (1997) hallaron que las medidas de insatisfacción actitudinal en las muestras de trastorno alimentario diferían casi el doble de veces que la distorsión corporal (aunque este efecto es en gran medida atribuible a las clientes con bulimia nerviosa). La percepción errónea del tamaño del cuerpo es inestable en la anorexia nerviosa (Norris, 1984) y puede ser activada por estados de ánimo negativos, visualizar imágenes de personas delgadas en los medios de comunicación y percibir que se come de forma excesiva. La estimación del tamaño corporal puede mejorar con la exposición al espejo (Norris, 1984), aunque el entrenamiento perceptivo no aumenta el beneficio general de los programas de TCC (Rosen et al., 1990).

Preocupación por el aspecto y tendencia atencional

Las personas con trastornos alimentarios o de la imagen corporal están preocupadas por su aspecto a un nivel que les requiere mucho tiempo, les causa malestar y dificulta su vida diaria. Las personas para quienes la imagen física es fundamental en su concepto de sí mismas atienden de forma selectiva a las partes del cuerpo por las que sienten rechazo (Freeman et al., 1991), lo que conduce a una conciencia acentuada y una relativa magnificación de dichas características (Williamson et al., 1999). Los sentimientos y las creencias que albergan respecto a su imagen corporal, por tanto, se «activan» a través de las imágenes de los medios. Farell et al. (2004) hallaron una relación entre los altos niveles de preocupación por la forma corporal y la acción de mirar a las partes del cuerpo que no gustan, como la barriga y las caderas. Los participantes informaron de altos niveles de malestar como la razón de su atención selectiva.

Inversión excesiva en la imagen corporal

En las personas con alteración de la imagen corporal, dicha imagen ha pasado a identificarse de manera excesiva con el yo (Veale, 2002). Geller et al. (1997, 1998) plantean que lo decisivo es la importancia que se da a la figura y al peso más que a la imagen corporal en sí; esto es, hasta qué punto es fundamental en la sensación general del yo. Geller et al. (1997) desarrollaron una medida para identificar la relativa importancia de los elementos determinantes de la autoestima: el inventario de la autoestima basada en la figura y el peso, o SAWBS[1]. Éste examina la importancia de la figura y el peso sobre sentimientos generales de autovaloración en el contexto de otros atributos sobre los cuales se basa la autoestima. Se ha descubierto que el SAWBS predice el desarrollo de síntomas de trastorno alimentario (Geller et al., 1997). Curiosamente, un estudio más reciente reveló que basar la autoestima en relaciones íntimas también estaba asociado con síntomas más altos de trastorno alimentario y una menor autoestima corporal y global (Geller et al., 2002). La terapia también tiene que ayudar a la gente a reducir la importancia del aspecto en la definición del yo (Dryden, 1998), a elaborar experiencias corporales positivas (Stewart, 2004) y a evitar la recaída (Segal et al., 2002).

---

[1] Siglas en inglés de *Shape and Weight Based Self Esteem Inventory* [N. del T.].

Fundamento de este programa

Este programa tiene un enfoque integrador que combina lo siguiente:

1. *Atención plena, aceptación y postura no enjuiciadora*

> Es notable lo liberadora que es la experiencia de poder ver que tus pensamientos son sólo pensamientos y que no son tú ni tu realidad... El simple acto de reconocer tus pensamientos como simples pensamientos puede liberarte de la realidad distorsionada que a menudo crean y permitir una visión más clara y una sensación de mayor flexibilidad en tu vida.
>
> (Kabat-Zinn, 1990)

La atención plena y la aceptación han sido descritas como la tercera ola de la TCC (Follette et al., 2004). Estos enfoques pretenden cambiar más la *relación* con nuestros pensamientos que su *contenido* (como en la segunda ola de la TCC), aunque el origen de estas ideas está en la TCC tradicional, como el «descentrarse» del contenido de los pensamientos. Otro ámbito potencialmente relevante de entrenamiento de técnicas es la *comprensión por sí mismo* (Gilbert, 2005).

Evidencia de la atención plena y la aceptación. Se ha descubierto que la reducción del estrés a través de la atención plena mejora el bienestar y la calidad de la vida (Reibel et al., 2001) y es eficaz en el tratamiento de una gran variedad de desórdenes (Kabat-Zinn et al., 1986, 1992). La Terapia

Cognitiva basada en la Atención Plena (*mindfulness*) ayuda a impedir la recaída en la depresión severa (Segal et al., 2002; Teasdale et al., 1995, 2000). Otras dos terapias basadas en la plenitud de conciencia tienen una creciente evidencia de base: la terapia de la aceptación y el compromiso para una serie de desórdenes (Hayes et al., 2004, 2006) y la terapia dialéctica conductual, que reduce la conducta de suicidio en personas con trastorno de personalidad fronteriza (Koons et al., 2001; Linehan, 1991, 1999).

Atención plena y aceptación en los trastornos alimentarios. Hay una evidencia preliminar de que la Terapia Dialéctica Conductual puede beneficiar a las personas con trastornos de ingesta compulsiva (Kristeller y Hallett, 1999; Telch et al., 2001) o bulimia nerviosa (Safer et al., 2001). Este programa se basa en el equilibrio inestable entre practicar la aceptación y el cambio, que se considera esencial en el tratamiento de los trastornos alimentarios (Wilson, 1996a). Stewart (2004) ofrece un excelente resumen de los componentes clave de un tratamiento basado en la atención plena del trastorno de imagen corporal (exposición basada en la atención plena, cambio conductual, abordar las presiones de los medios de comunicación, desarrollar experiencias corporales más positivas). Este libro aporta más detalles y propone una estructura que terapeuta y cliente pueden seguir.

2. *Reducir las conductas compulsivas y de evitación de la imagen corporal por medio de la exposición y la prevención de respuestas*

En anteriores tratamientos de la imagen corporal se ha descuidado reducir las estrategias de afrontamiento de adaptación deficiente y desarrollar otras que sean adaptativas (Cash y Pruzinsky, 2002). Hay una sólida evidencia de base para utilizar la exposición en el tratamiento de los trastornos de ansiedad y de estrés postraumático (por ejemplo, Jaycox et al., 2002). Asimismo, se ha visto que la exposición al espejo reporta diversos beneficios a las personas con una imagen corporal negativa (Delinsky y Wilson, 2006). Por su parte, Becker y Zayfert (2001) informan de que

> las técnicas de atención plena son muy valiosas para reducir la evitación emocional y facilitar el compromiso emocional durante la exposición.

Wilson (1999) y Stewart (2004) recomendaban la exposición basada en la atención plena al tratar la imagen corporal en personas con trastornos alimentarios.

3. *Reevaluación de las imágenes de los medios de comunicación*

Posavac et al. (2001) hallaron que unas breves intervenciones que ayudaban a las mujeres a ser consumidoras más críticas de los medios de comunicación contribuían a protegerlas de los efectos adversos de la exposición a las imágenes de la delgadez ideal.

Este programa se parece a los publicados con anterioridad en que está estructurado, y que incorpora estrategias de la TCC basadas en testimonios: autocontrol (aunque mínimo), tareas para casa, exposición y prevención de la respuesta. La diferencia es que éstas se fundamentan en la atención plena y la postura no enjuiciadora y que no se centra de forma significativa en la reevaluación cognitiva (abordar directamente el contenido de los pensamientos).

Líneas generales de este programa

Éste es un programa individual para personas en proceso de recuperación de un trastorno alimentario. El programa se compone de un «mínimo» de doce sesiones de 50 minutos (un máximo de veinte), además de una revisión a las seis semanas. Normalmente, se imparte después de un tratamiento inicial con evidencia de base para el actual trastorno alimentario. Está concebido para que lo imparta un psicoterapeuta. Al igual que Williamson et al. (2002), recomendamos que se trabaje de manera individual la imagen corporal de las personas con trastornos alimentarios debido a la intensidad emocional del trabajo y la necesidad de aplicarlo en una formulación individual. Cliente y terapeuta emplean el manual de manera conjunta. Es necesario un equilibrio dialéctico entre la terapia siguiendo estrictamente un manual (como recomienda Wilson, 1996b) y la adaptada individualmente (como recomiendan Fairburn et al., 2003). Se acuerda una formulación individual para cada cliente y el tiempo de la terapia dure lo que haga falta para asegurar que la cliente afianza cada componente del tratamiento de forma suficiente para poder aplicarlo con alguna eficacia. Si es necesario se pueden añadir otras técnicas (abordar la inversión en imagen corporal y la autovaloración y desarrollar la compasión). Al igual que ocurre con otras aportaciones en este campo, este programa está concebido para ser «transdiagnóstico»; es decir, para cualquiera que haya tenido un trastorno alimentario, o se esté recuperando de él, y esté tratando de superar un trastorno de la imagen corporal.

¿A quién va dirigido?

El programa se ha desarrollado para personas mayores de 16 años, pero podría adaptarse a niños de forma adecuada. Se ha puesto en práctica con pacientes que se hallan dentro del rango de peso normal o con otros en proceso de recuperación de la anorexia nerviosa, pero desde luego podría emplearse con personas que sufren sobrepeso y que estén sometidas a presiones similares a las de aquellas personas que restringen su alimentación, pero tienen un estigma adicional por causa de dicho sobrepeso.

Ayudas para la evaluación y medición del resultado

Se recomiendan las escalas siguientes para la evaluación y la medición del resultado:

- La Escala Diagnóstica del Trastorno Alimentario (Stice et al., 2000) para clasificar la categoría del trastorno.
- El Cuestionario de Actitudes Corporales (Shafran et al., 2004) y el Cuestionario de la Evitación de la Imagen Corporal (Rosen et al., 1991) para evaluar los mecanismos de afrontamiento conductual.
- El Inventario de los Esquemas de Aspecto (Cash y Labarge, 1996) y el Inventario SAWBS (Geller et al., 1997, 2000) para evaluar la inversión en imagen corporal. (Una versión revisada del IEA se puede encontrar en http://www.body-images.com/assessments/order.html).

Todas estas medidas están publicadas en los artículos de revista que están referenciados, con la excepción del CEIC, que puede obtenerse del autor. Otras posibles escalas que el lector tal vez quiera considerar son:

- El Cuestionario del Examen Corporal (Reas et al., 2002).
- La Subescala de la Insatifacción Corporal procedente del Inventario-2 de trastornos alimentarios (Garner, 1991).
- La Subescala de la Vergüenza Corporal procedente de la Escala de la Experiencia de Vergüenza (Andrews et al., 2002).
- La Escala de Autoestima de Rosenberg (Rosenberg, 1965).

También hemos creado una *Escala de Serie Continua de la Imagen Corporal* (véase el Apéndice 2, página 156). Aunque ésta se emplea para medir el cambio, también es una forma rápida de hablar de él; por ejemplo, las fluctuaciones de la imagen corporal en respuesta a otros cambios anímicos.

CAPÍTULO 4

TÉCNICAS TERAPÉUTICAS NECESARIAS PARA ESTE PROGRAMA

Supuestos y principios

1. *La cliente se esfuerza al máximo, pero también tiene que hacerlo mejor; es decir, manejar sus problemas de forma diferente* (Linehan, 1993). Las estrategias disfuncionales funcionan; es decir, reducen el malestar, aunque sea de forma temporal. La intensidad de los sentimientos negativos hacia su cuerpo y los intentos por reducir este malestar deben ser validados por los terapeutas, mientras que se mantiene la creencia en una mejor alternativa y la confianza en que las técnicas para lograrlo puede impartirlas el terapeuta.

2. *Ser realista*. A la mayoría de las mujeres no les gusta su cuerpo. Buscamos la aceptación del cuerpo que tenemos, no estimular el amor propio, lo que es una distinción importante. (Buena parte de los libros de autoayuda en este ámbito no son realistas para las personas con trastornos alimentarios).
3. *Apoyar la autoeficacia* (Miller y Rollnick, 1991; Rollnick y Miller, 1995). Que la cliente crea que el cambio es posible es un motivador importante para conseguir provocar dicho cambio. Esto se puede lograr, por ejemplo, destacando las técnicas que la cliente ya conoce e identificando otros retos que ha abordado.

Priorizar tareas en la sesión

Los tratamientos manualizados suscitan la adhesión de terapeutas y clientes a las intervenciones eficaces y están infrautilizados (Wilson, 1997). Sin embargo, los tratamientos muy estructurados pueden parecer impersonales y deben tener en cuenta de algún modo las circunstancias únicas de cada individuo. Esto requiere habilidad por parte del terapeuta (Padesky y Greenberger, 1995). En cada sesión se ha de revisar el trabajo de casa y luego cubrir el tema siguiente que se va a tratar, pero también hay que tener en cuenta la respuesta de la cliente a la terapia, y (hasta cierto punto) los problemas de procedimiento y los sucesos actuales de su vida que podrían limitar su capacidad para sacarle el mejor partido al programa. El terapeuta tiene que ser consciente de estas cuestiones, discutirlas en pocas palabras cuando sea necesario, pero no permitir que impidan «atenerse al asunto». Las excepciones a esto serían cuando podría suspenderse el programa porque una cliente perdiese peso hasta acercarse a niveles anoréxicos, o ya dentro de ellos, o sufriese una crisis personal significativa.

La forma más eficaz y colaboradora de equilibrar estas necesidades es elaborar una agenda explícita al comienzo de la sesión, estableciendo cuáles hay que cubrir y luego preguntando a la cliente si tiene algo que quiere discutir esa semana. Entonces se puede negociar lo que podemos abarcar de forma realista, y asignarle tiempo a las diferentes partes de la sesión, haciendo explícitas las prioridades.

Tal vez sea necesario algo de flexibilidad respecto a avanzar con el material al ritmo recomendado. Puesto que el programa se basa en la aplicación de técnicas, podría no ser aconsejable seguir adelante cuando una técnica no está lo bastante asentada. Por otra parte, puede ser que debamos animar a nuestra cliente a seguir con el programa a este ritmo y más tarde, tal vez cuando reúna todos los elementos, tenga una visión más clara de cuáles son sus dificultades y lo que hace falta para superarlas. Éste es un asunto de juicio clínico.

Un posible obstáculo al empleo del programa es la existencia de notables conductas de trastorno alimentario, que suelen obtener prioridad en el tratamiento. Como este programa no está concebido para tratar esas conductas, se recomienda que la cliente reciba, primero, una terapia con evidencia de base (véanse las *National Institute of Clinical Excellence Guidelines for Eating Disorder's,* 2004). Si el nivel del problema no es lo bastante severo para un tratamiento especializado, o si no se le pueden ofrecer estos servicios, podemos recomendarle un manual de tratamiento para abordar sus trastornos alimentarios, como Schmidt y Treasure (1997) o Treasure (1997).

La cliente tal vez revele más sobre sus conductas de trastorno alimentario en el contexto de este programa, aunque recientemente haya recibido tratamiento para dicho trastorno. Si está motivada y se compromete al cambio, éstas pueden tratarse dentro de los principios comunes del programa; por ejemplo, empleando la exposición y la prevención de la respuesta para abordar los hábitos obsesivo-compulsivos que están más relacionados con la comida que con el peso. El terapeuta puede emplear un argumento para abordar todas esas conductas:

> «Supongo que este programa está sacando a la luz todos estos hábitos que son como el andamio que apuntala las otras partes de tu trastorno alimentario. Me pregunto qué piensas al respecto. ¿Te sientes preparada/dispuesta a abordarlos?».

> «Aunque no teníamos proyectado abordar estos problemas en sí, tal vez haya estrategias que estés empleando en el programa que podrían ayudarte. ¿Qué te parece?».

Tal vez tengamos que mantener bajo revisión el peso o las conductas del trastorno alimentario, como las acciones bulímicas continuadas (sobre todo, el purgarse). Si la cliente tiene un alto grado de trastorno alimentario, hablamos de esto bajo supervisión y damos los pasos apropiados de acuerdo a nuestras vías de asistencia locales y a los servicios disponibles. Si alguien participa en el programa de imagen corporal con rasgos residuales de anorexia nerviosa, tal vez nos interese acordar con la cliente una franja de peso y contar con un colega, en este caso un dietista, que haga un seguimiento o colabore en su tratamiento. Si la cliente pierde peso tal vez convenga interrumpir el programa de imagen corporal. Podríamos recomendar que la provisión del programa esté supeditada a mantener unos niveles de peso normales.

Otra cuestión que podría complicar el tratamiento es la conducta autolesiva. Si hacer el programa incrementa dicha conducta de manera reiterada, tal vez tengamos que suspenderlo mientras abordamos esta cuestión (la TDC u otros enfoques de la TCC serán útiles: véanse Schmidt y Davidson, 2004). De nuevo hay técnicas habituales que se pueden emplear (especialmente, la atención plena).

Trabajo en colaboración

Una relación positiva entre cliente y terapeuta constituye una base esencial para una terapia eficaz (Padesky y Greenberger, 1995). La investigación demuestra que los terapeutas eficaces poseen las cualidades de cordialidad, empatía y autenticidad y las demuestran por medio de:

- La escucha activa.
- Estar sinceramente interesados en la vida de la cliente; en especial, con respecto a las cuestiones que se

están tratando y la perspectiva de la cliente sobre ellas.
- Comprometerse a ayudar a la cliente a tener una vida más feliz.

Linehan (1993) señala la importancia de equilibrar las «estrategias de aceptación» (como la cordialidad, el respeto y el ánimo) con las de cambio. Las estrategias de cambio en un tratamiento basado en técnicas como éstas se llevan a cabo a través de un enfoque colaborador, integrando el manual y el conocimiento del terapeuta con las observaciones, las reflexiones y las ideas de la cliente. Los objetivos de cambio son siempre personalizados y cuando sea posible se establecen socráticamente.

El trabajo de colaboración se puede resumir como FORMACIÓN DE EQUIPO:

- Optimismo terapéutico equilibrado con expectativas realistas.
- Evitar la jerga técnica.

- Explorar opciones y hacer hincapié en la elección.
- Mantener la «alianza terapéutica».
- Apoyarse en los éxitos.
- Emplear el lenguaje de la cliente.
- Identificar las fuerzas y los recursos además de los problemas.
- Postura experta moderada y hablar de «nosotros».
- No suponer consentimiento y dar información.
- Identificar el más mínimo valor en lo que hace la persona para resolver un problema.
- Normalizar problemas y respuestas.
- Descubrimiento guiado.

Descubrimiento guiado y cuestionamiento socrático

El descubrimiento guiado es el modo en que un terapeuta lleva a su cliente a descubrir alternativas a pensamientos, a perspectivas, a respuestas problemáticas y a nuevas posibilidades por medio de una serie de preguntas abiertas o «socráticas». Padesky resume así los componentes del descubrimiento guiado:

- Una serie de preguntas para descubrir información relevante de la que la cliente no es consciente en ese momento.
- Una escucha atenta y reflexiva por parte del terapeuta.
- Un resumen de la información descubierta. Cuando se utiliza el cuestionamiento socrático, debería haber un resumen cada pocos minutos. Dicho resu-

men es también otra oportunidad de comprobar que terapeuta y cliente se comprenden entre sí. Asimismo, da a la cliente la oportunidad de examinar en conjunto toda la nueva información.
- Una pregunta sintetizadora que haga a la cliente aplicar la nueva información discutida. Esto la ayuda a enlazar las respuestas de tal forma que al final tienen sentido, y es una última oportunidad para que la cliente descubra algo inesperado. El terapeuta también puede preguntar a la cliente en qué le gustaría que fueran diferentes las cosas y qué podrían hacer ambos para provocar ese cambio.

El cuestionamiento socrático ayuda a implantar la idea de que el terapeuta se interesa por investigar en colaboración, y no en retar a la cliente o persuadirla para que adopte otro punto de vista. El terapeuta formula las preguntas para comprender cómo ve ella las cosas, no simplemente para cambiar su opinión. En consecuencia, la cliente es más activa. Un terapeuta puede hacer de guía sin saber dónde van a acabar, y hacer preguntas para las cuales no tiene respuesta, simplemente por una genuina curiosidad (Padesky, 1993). Entonces es más probable que el descubrimiento que haga la cliente le pertenezca a ella y no al terapeuta.

Después de explorar una situación determinada, el terapeuta hace preguntas para ayudar a la cliente a aprender del diálogo y a imaginar cómo experimentar con esta idea en su vida. De esta forma, el cuestionamiento socrático puede ayudar a la cliente a desarrollar sus propios criterios de asignación terapéutica, como hacer más observaciones o ensayar un experimento conductual para poner a prueba una nueva idea.

La atención plena (mindfulness) y las tres «ces»

La atención plena es fundamental en este enfoque, y a todos aquellos que la enseñan se les anima a practicarla ellos mismos. En caso contrario es poco probable que seamos profesores eficaces. Imagínese que enseña a conducir a alguien a partir de un manual escrito pero sin ser realmente capaz de manejar un volante o conducir con su alumno durante las clases. La atención plena es una cualidad vivencial y una técnica que se desarrolla con la práctica y no se puede comprender del todo únicamente por vía intelectual.

Hay tres cualidades (podemos llamarlas las tres «ces») que debemos cultivar cuando practicamos la atención plena (véase la figura 4.1). Se trata de cualidades que también habrá que desarrollar y mantener de cara a nuestra cliente.

Mantener una alianza terapéutica

Ser empático, colaborador y mantener una alianza terapéutica positiva es especialmente importante cuando se trabaja con personas con trastornos alimentarios y de la imagen corporal. Primero, los trastornos alimentarios son «egosintónicos», lo que significa que la cliente tendrá, en

| El terapeuta conecta con la cliente y su experiencia así como con la suya propia. | La cliente conecta con sus propios sentimientos y necesidades y con los del terapeuta. |

| El terapeuta es cuidadoso y comprensivo hacia la cliente y modela esto, especialmente en lo referente a la relación de la cliente con su cuerpo. | La cliente se esfuerza por comprender el valor de ser comprensiva consigo misma y desarrollar esta cualidad. | El terapeuta tiene curiosidad sobre la evolución de la cliente y la experiencia de su imagen corporal negativa, sus sentimientos y experiencias dentro del tratamiento y respecto al cambio. | La cliente tiene curiosidad respecto a:
• Las estrategias y soluciones que ha estado empleando para intentar resolver el problema de la cliente.
• La posibilidad de cambiar éstas.
• Y los efectos de intento de cambio. |

Figura 4.1 Las tres «ces».

el mejor de los casos, sentimientos encontrados respecto al cambio. Segundo, los terapeutas en este enfoque deben elaborar una postura compasiva y no enjuiciadora. Tiffany Stewart (2004: 793) resume esto diciendo

> El terapeuta debe trabajar para establecer una alianza interpersonal fuerte, sincera, positiva y no amenazante desde el inicio del tratamiento.

Las perturbaciones de la alianza terapéutica se minimizan en este programa porque:

- El tratamiento es transparente.
- Los procedimientos de cambio se explican totalmente y se establece el consentimiento; los retos, sobre todo en lo referente a la exposición, no se subestiman.
- Se utilizan estrategias de compromiso para formarlo y ponerlo en práctica.

Las perturbaciones también pueden minimizarse:

- Anticipando lo que una cliente encontrará amenazante e identificando soluciones a esto de forma colaboradora.
- Pidiendo de forma periódica una reacción de modo que la cliente aprenda a expresar sus preocupaciones y practique esto.
- Reconociendo nuestra parte como terapeuta y/o expresar pesar si la cliente está deprimida.

Si surge alguna perturbación a la alianza terapéutica, el terapeuta debe ser sensible y atenta y explorarla dentro de este espíritu de colaboración.

Emplear símiles, analogías, metáforas e historias (SAMH)

El lenguaje cotidiano es rico en símiles (comparación de una cosa con otra a modo de ilustración), analogías (la referencia a un caso paralelo que es semejante en ciertos aspectos), metáforas e historias. También son una valiosa ayuda en la terapia. Los SAMH se basan en el conocimiento de la experiencia cultural previa o compartida para ayudar a comprender algo nuevo y menos conocido. Pueden capturar la naturaleza esencial de una experiencia. Por ejemplo, cuando alguien dice «Es como si me estuviera golpeando la cabeza contra una pared de ladrillo», la sensación de la naturaleza repetitiva, dolorosa y contraproducente de la experiencia es evidente de inmediato. Los SAMH pueden expresar una idea compleja en pocas palabras y ayudar a una cliente a recordar algo que tal vez haya olvidado. Los SAMH tienen varios valores en terapia (véase Blenkiron, 2005). Pueden intensificar la relación, permitir que la cliente adquiera una nueva perspectiva de sus problemas, aumentar el impacto personal y la claridad del significado, y reforzar su motivación para efectuar un cambio terapéutico. Linehan (1993) subraya cómo se puede tratar indirectamente una cuestión cuando se utilizan los SAMH con habilidad, de modo que pueden ser una manera menos amenazadora de explorar posibilidades de cambio. Pueden personalizarse, pues la cliente entra en ellos a su manera, y a ser menos personales que abordar los temas de forma más directa. Linehan aporta muchos ejemplos de metáforas para situaciones difíciles con las clientes (1993: 209-212).

Los SAMH son útiles para transmitir el esfuerzo y la persistencia que son necesarios para el cambio. Captar el conocimiento y la experiencia que la cliente pueda tener en otros ámbitos de su vida puede transmitir esta idea así como la disposición a perseverar en algo, como invertir en un banco o una cuenta de ahorros. Utilizar los SAMH puede ayudar a las clientes a saber de forma intuitiva que si repetimos lo que tuvo éxito, de cualquier forma por modesta que sea, tenemos una mejor oportunidad de reconocer y repetir los pequeños éxitos que marcan la diferencia.

Los SAMH también son útiles en los momentos en que queremos acceder a algún conocimiento o experiencia intuitivos en los cuales puede basarse la cliente con objeto de ayudarla a comprender algo (tal vez consiguiendo un momento de *iluminación mental*).

> El final de la terapia es como continuar en un viaje. ¿Qué debe uno llevar encima? ¿Qué tienes en tu mochila?

Los SAMH son especialmente útiles cuando las clientes están desconcertadas, son ambivalentes o hay un obstáculo para la alianza terapéutica. Thich Naht Han describe cómo la atención plena puede transformar los estados

de ánimo no deseados igual que «se convierten las malas hierbas en abono». Krishnamurti expresó una hermosa metáfora sobre la disposición a cultivar la atención plena en el esfuerzo por reducir el sufrimiento:

> No podemos hacer que una brisa entre en nuestra casa, pero podemos abrir una ventana.

Las metáforas son especialmente ricas y se pueden desarrollar en colaboración. Emplear metáforas es un proceso activo fundamental para comprendernos a nosotros mismos, a los demás y al mundo que nos rodea. Ortony (2006) ha identificado tres características de las metáforas que explican su utilidad: intensidad, condensación y expresividad. En resumen, las metáforas encierran mucha información abstracta e intangible en un paquete conciso y fácil de recordar. Es especialmente importante advertir las metáforas que generan las clientes. Podemos explorar las propias percepciones de la cliente sin tratar de interpretarlas.

Las metáforas referidas al cambio y/o a la relación terapéutica, que se pueden desarrollar en colaboración, incluyen metáforas de entrenamiento (por ejemplo, para nadar: las circunstancias pueden embellecerse) o tareas de equipo que suponen un reto, como escalar montañas. Hacer la exposición al espejo (sin conductas de seguridad) es como «aprender (y descubrir) que uno puede nadar sin agarrarse al borde de la piscina». Estas metáforas validan el sufrimiento de la persona a la vez que comunican la importancia y el beneficio de tolerar el malestar para efectuar progresos.

Cuando se emplean metáforas, hay que resistirse al impulso de explicarlas. Hacemos una pausa para que la cliente la considere. Explicar una metáfora puede ser «como abrir la puerta del horno para ver qué tal marcha un suflé». Idealmente, las metáforas se quedan en el corazón. Es importante que la cliente tenga tiempo y espacio para encontrar su propio significado, y acceda de forma intuitiva al sentido de lo que es acertado.

Hay una hermosa película italiana llamada *Il Postino* [El cartero] en la que un hombre corriente encuentra inspiración en las metáforas.

Equilibrar la aceptación y el cambio

La aceptación tiene tres fases:

- Darse cuenta de la experiencia personal.
- Relajar los esfuerzos por cambiar eso.

- Responder a eventos reales en vez de a nuestras propias reacciones o a su interpretación.

La aceptación es un proceso activo de autoafirmación más que el pasivo abandono de los esfuerzos constructivos y realistas por cambiar.

Linehan (1994)
citado en Hayes et al. (2004: 250)

La atención plena es la base de todo esto: para un mayor conocimiento, para experimentar los pensamientos y los sentimientos que normalmente se evitan, y para responder de forma más flexible a las experiencias emocionales. Pensamientos y sentimientos como los relativos a la imagen corporal tienden a ser respondidos como si fuesen reales en vez de subjetivos. Practicar una postura no enjuiciadora sirve de ayuda. En el caso de algunas personas, en especial las que han vivido experiencias traumáticas en su infancia, no es sólo que los pensamientos y los sentimientos negativos son muy fuertes, sino que además la capacidad de serenarse y cuidar de sí mismo puede que no hayan sido fomentadas. Por consiguiente incorporaremos prácticas que ayuden a formar la compasión para quienes necesiten desarrollar esta cualidad. Por último, utilizando todas estas técnicas como base, podremos elaborar estrategias de afrontamiento más constructivas.

Validación

La validación se produce cuando el terapeuta comunica que las respuestas de la cliente tienen sentido y son comprensibles en el contexto de su vida o situación actual. El terapeuta se toma en serio las respuestas de su cliente y no las pasa por alto ni las trivializa. La validación se puede hacer observando, reflexionando y afirmando a través de sonrisas, asentimientos, etc.

La validación es importante porque enseña a la cliente a validarse a sí misma y sus propios sentimientos, experiencias y reacciones.

Estrategias dialécticas y de compromiso

Éstas son algunas de las estrategias que describe Linehan (1993), de particular utilidad cuando se trabaja con personas que quizás tengan una postura ambivalente respecto al cambio o cuando se les pide a las clientes que acepten retos tales como la exposición o el abandono de conductas que se han vuelto compulsivas.

Entrar en la paradoja

En esta estrategia, el terapeuta resalta para la cliente las contradicciones paradójicas de su conducta.

> «Por un lado, pareces deseosa de abordar este problema y estar menos preocupada por tu imagen corporal. Por otro,

tienes miedo de que si abandonas estas conductas examinadoras te sentirás peor, al menos a corto plazo».

La técnica del abogado del diablo

El «abogado del diablo» se puede utilizar para provocar el compromiso al cambio. El terapeuta argumenta contra el cambio y el compromiso que requiere la terapia, porque dicho cambio es doloroso y difícil. Idealmente, esto hace que la cliente adopte la postura opuesta a favor del cambio y el compromiso.

«Esto va a ser realmente duro. ¿Estás segura de que te sientes preparada para hacerlo?».

O bien

«¿Por qué querrías pasar por todo eso?».

Activar la sabiduría interior

«De cabeza y de corazón, ¿qué sabes que es verdad?».

Hacer limonada con los limones

Los problemas de la vida cotidiana son oportunidades para practicar habilidades. La habilidad del terapeuta es hacer ver, sin negar la realidad del hecho, que no hay mal que por bien no venga.

Dar ánimos

Esto se refiere a que el terapeuta se pone en lo mejor, da ánimos a la cliente y se centra en las capacidades de ésta.

«Parece que ahora esto te está resultando realmente duro, pero yo sé que ya has dado un paso enorme adelante por...».

Pros y contras

El terapeuta resalta y discute los beneficios y las desventajas de un compromiso para el cambio. Esta estrategia es valiosa cuando se explora la manera de cambiar una conducta de la cliente como pesarse de forma compulsiva o evitar que la pesen.

Pie en la puerta

Esto ayuda a obtener el compromiso de la cliente con los objetivos y los procedimientos. El terapeuta vuelve a describir las metas, presentando elementos concretos y resaltando un poco más las dificultades.

«Me doy cuenta de que esto es pedirte mucho».

«Me pregunto si hay algún paso que podrías dar para poder acercarte a esto».

Libertad para elegir

El terapeuta plantea a la cliente la elección, resaltando su libertad de elegir mientras, al mismo tiempo, se exponen de forma clara las consecuencias realistas de sus elecciones.

«Bueno, realmente es tu decisión si hacer la exposición en casa con menos ropa encima. Pero no hacerlo significa que sigues recurriendo a la evitación y no descubrirás si puedes dar este difícil paso».

Modelado

El terapeuta puede utilizar los principios de modelización para obtener el compromiso de la cliente.

«Recuerdo que me dijiste en nuestra primera sesión que te resultaría difícil llevar un diario, de modo que el hecho de que esta semana hayas conseguido hacerlo algunas veces es realmente positivo. ¿Qué te ayudaría a completarlo todos los días?».

El terapeuta también tiene que contar con los fundamentos de este programa (la atención plena, la postura no enjuiciadora, modificar las estrategias de evitación y, cuando sea necesario, la compasión) allí donde la cliente no haga suficiente uso de dichas técnicas. Cuando la cliente emita juicios sobre sí misma, le preguntamos cómo podría expresar eso de manera menos enjuiciadora. La atención plena se puede «modelar» utilizando frases como «¿en tu sabiduría interior qué sabes que es verdad?». La comprensión puede modelarse empleando frases como «en lo más recóndito de tu corazón...» o «siendo comprensiva contigo misma, ¿cuál sería tu respuesta?» Es muy importante que el terapeuta utilice estas oportunidades para ayudar a la cliente a aplicar las técnicas que se le han enseñado en el programa para resolver sus problemas. Sin embargo, modelar de esta forma debe hacerse con cordialidad y sensibilidad, pues la cliente puede experimentarlo como que la corrigen por «entenderlo mal».

Poner tareas para casa

Diez pasos para establecer tareas de modo eficaz (adaptados de Padesky y Greenberger, 1995):

1. Animar a las clientes a que colaboren en la elección y la planificación de las tareas de casa.
2. Hacer que dichas tareas sean realistas y accesibles.
3. Conectarlas con objetivos personales para que sean relevantes y hacerlas lo más interesantes que sea posible.
4. Proporcionar un fundamento claro.
5. Establecer que la cliente está dispuesta a hacerlo.
6. Identificar y aportar soluciones a los impedimentos a las tareas.
7. Hacer hincapié en el aprendizaje o la práctica (usando una metáfora relativa a construir/esfuerzo/entrenamiento) más que en el resultado inmediato.
8. Anotar la tarea de casa acordada.

9. Poner un ejemplo en la sesión si se tiene tiempo.
10. Siempre revisar el trabajo de casa en la sesión siguiente. ¿Qué ha aprendido la cliente?

Padesky tiene otras ideas útiles para favorecer el uso de un manual compartido y para localizar problemas que pueden surgir en la terapia.

CAPÍTULO 5

EL PROGRAMA

Guía del programa

Las sesiones suelen ser semanales y abarcan los temas siguientes:

Sesión 1. Evaluación.
Sesión 2. Discusión de resultados psicométricos y formulación personalizada.
Sesión 3. Atención plena 1.
Sesión 4. Atención plena 2.
Sesión 5. Cambiar hábitos inútiles.
Sesión 6. Postura no enjuiciadora.
Sesión 7. Los medios de comunicación.

Sesión 8. Preparación para la exposición.
Sesión 9. Exposición al espejo 1.
Sesión 10. Exposición al espejo 2.
Sesión 11. Revisar, consolidar el cambio y localizar los problemas.
Trabajo adicional opcional sobre «autovaloración e inversión en imagen corporal».
Trabajo adicional opcional sobre la «compasión».
Sesión 12. Plan de continuación.
Revisión a las seis semanas.

Éste es el número mínimo de sesiones, y tal vez sea necesario ampliar algunos apartados clave del programa antes de pasar al siguiente. Por ejemplo, si una cliente no puede describir y observar sus pensamientos enjuiciadores de manera eficaz (es decir, emplear de manera operativa la postura no enjuiciadora) hace falta una mayor consolidación antes de proceder a la exposición. Se recomienda un máximo de veinte sesiones. Cada sesión debería durar aproximadamente cincuenta minutos, aunque es posible que sea necesario prolongar el tiempo en el caso de las sesiones 9 y 10.

Todos los tiempos entre paréntesis son guías aproximadas.

SESIÓN 1: EVALUACIÓN

> *Objetivos clave:*
> - Comprender a qué nos referimos con el término «imagen corporal».
> - Comprender lo que implica el programa.
> - Explorar los pensamientos y los sentimientos de la cliente respecto a su cuerpo.

Esquema del programa (10 minutos)

Utilizando el folleto de la cliente en el Apéndice 3 (S1A, página 159), hacemos un resumen del contenido que se tratará en el programa. Subrayamos los puntos clave siguientes de este folleto:

- La imagen corporal es un problema fundamental para las personas con trastornos alimentarios, y a no ser que dicha imagen mejore, corren el riesgo de sufrir una recaída.
- Cambiar nuestra imagen corporal no es fácil, y una razón para ello es que hay diversos hábitos que las personas desarrollan para tratar de manejar sus sentimientos negativos, pero que a la larga realmente *mantienen* su imagen corporal negativa.
- Esta intervención está concebida para ayudar a las personas con una imagen corporal negativa que se han recuperado, o se están recuperando, de un trastorno alimentario.

- El objetivo de esta intervención es ayudar a que la cliente entienda qué es la imagen corporal, cómo ha desarrollado una imagen corporal negativa y qué hábitos la mantienen. Entonces os ayudaremos a que aprendáis técnicas para aceptar vuestro cuerpo, y cambiar el modo en que manejáis vuestros sentimientos negativos y evaluáis vuestro físico.
- Es un tratamiento activo que requiere una labor diaria. Es poco probable que se experimente ningún beneficio si no se llevan a cabo los ejercicios que aconsejamos. Comprendemos que esto puede no ser fácil para vosotros, pero también sabemos por la investigación y la experiencia que realizar algunos cambios y practicar ciertas técnicas es fundamental para mejorar nuestra imagen corporal.
- Por esta razón hoy os explicaremos el tratamiento cuidadosamente y os pediremos que contraigáis un compromiso.

¿A qué nos referimos cuando hablamos de imagen corporal?

De nuevo utilizando el folleto S1A, preguntamos a la cliente qué es para ella la imagen corporal. Lo discutimos empleando esta definición:

> La imagen corporal se puede definir como la representación que alguien tiene en su mente relativa al aspecto (es decir, el tamaño y la figura) de su cuerpo, y la actitud que esa persona adopta frente a las características de su cuerpo.

Éstos son tres componentes básicos de la imagen corporal:

- La parte *perceptiva*, o de qué modo alguien ve su propio cuerpo.
- La parte *actitudinal*, o cómo se siente alguien respecto a la percepción que tiene de su aspecto corporal (Gardner, 1996) y a su vez lo evalúa.
- La parte *conductual*, o de qué modo estas percepciones y actitudes influyen en la conducta de alguien.

¿Por qué es importante que tratemos el trastorno alimentario en primer lugar?

Para que este programa sea efectivo, se recomienda vivamente que la cliente haya recibido antes tratamiento para su trastorno alimentario. Comentamos por qué:

- Cuando se come de forma caótica o se está malnutrida, es difícil que una se centre de forma coherente en abordar el problema de su imagen corporal.
- Las directrices del tratamiento de los trastornos alimentarios (NICE, 2004) aconsejan que las personas con anorexia nerviosa o bulimia nerviosa reciban terapias específicas para estos desórdenes.
- El trastorno de la imagen corporal puede mejorar cuando uno mejora su alimentación y su peso.

Dar un resumen de la guía

Resumimos brevemente la guía del programa (véase la Guía en la p. 85).

Exploración del problema (10 minutos)

Utilizando las preguntas siguientes, exploramos qué visión tiene la cliente de su problema con la imagen corporal:

- Háblame de la relación con tu cuerpo.
- ¿En qué te gustaría que fueran diferentes las cosas?
- Si tuvieses que utilizar tres palabras para describir tu cuerpo, ¿cuáles serían? Pedimos y damos reflexiones.
- ¿Qué te preocupa más de tu imagen corporal?
- Si el tratamiento tuviera éxito, ¿en qué sería diferente tu vida?
- ¿Cómo te gustaría que llegasen a ser las cosas dentro de cinco años? ¿Qué crees que tendría que cambiar para que eso ocurriera?

Compromiso (15 minutos)

- ¿Qué piensas ante la idea de hacer este programa?
- ¿Por qué querrías hacerlo?
- ¿Qué se interpondría en tu logro de cambios positivos?

Tras explicar el programa, debe quedar claro que la cliente está dispuesta a abordar su problema de forma distinta e invertir el tiempo y el compromiso necesarios para llevarlo a cabo. Subrayamos que tendrá que dedicar tiempo todos los días si quiere beneficiarse del programa (practicar la atención plena y llevar un diario y asumir tareas para casa adicionales). El objetivo es asegurarse de que la cliente esté bien informada, que no se toma el tratamiento a la ligera y que se compromete con sus implicaciones. Identificamos los obstáculos más probables que pueden surgir en el tratamiento y aportamos soluciones al problema de cómo minimizarlos o abordarlos mejor. (Pueden hacer esto como un ejercicio de tareas para casa).

Estrategias

Las estrategias que hay que usar son:

- Los pros y los contras del cambio.
- Técnica de abogado del diablo. Reflexionar sobre y señalar los aspectos más difíciles del tratamiento para la cliente.

Esto va a ser duro; ¿por qué quieres hacerlo?

- Técnica de pie en la puerta/puerta en las narices con los objetivos.
- Resaltar la elección.
- Dar ánimos, modelar, etc.

Si la cliente tiene interés en llevar a cabo el programa, mide y discute cualquier conducta de trastorno alimentario residual (15 minutos). Los criterios diagnósticos para la anorexia nerviosa, bulimia nerviosa y trastorno de ingesta compulsiva pueden examinarse con la ayuda de la Escala Diagnóstica de Trastorno Alimentario (EDTA —véase el Apéndice 5, página 211, Stice et al., 2000). Si se utiliza la EDTA, la puntuamos mientras la cliente completa otras medidas, que serán puntuadas por medio de la sesión siguiente.

Escala de serie continua de la imagen corporal
(véase el Apéndice 2)

Explicamos:

«Una forma de estimar la dificultad de un problema es utilizar una puntuación de porcentaje. Si dijimos que lo peor que uno jamás podía imaginar sentir respecto a su cuerpo era 0 por ciento y 100 por ciento era aceptación total, ¿hoy dónde te clasificarías? Marcamos esta puntuación de porcentaje en la línea del diagrama.

¿Esta cifra sería más elevada o inferior en cualquier momento de los últimos siete días? De ser así, ¿cómo sería lo peor o lo mejor que te has sentido en términos de porcentaje? Marcamos también estas dos puntuaciones de porcentaje en la línea del diagrama.

¿Qué factores influyen en este cambio?».

Discutir cualquier conducta de trastorno alimentario empleando los resultados de la EDTA

En el caso de las clientes que tienen o bien menos peso del normal o están perdiendo peso es muy importante poner el acento claramente en la primera sesión sobre el compromiso.

Por ejemplo:

«Soy consciente de que tu peso actualmente está 1 kg por debajo del objetivo».

Reflexión de doble sentido:

«Por una parte, sé que para ti esto ha sido muy difícil de alcanzar e incrementar tu peso puede parecerte espantoso. Por otra parte, te resultaría más difícil centrarte en este tratamiento si siguieras perdiendo peso de forma activa.

¿Cómo vamos a manejar esto? ¿Cómo vigilaremos tu peso?

Ni tú ni yo haríamos un buen uso de nuestro tiempo si inicias la terapia pero estás restringiendo tu ingesta de comida o intentando perder peso. Este tratamiento tiene que ver con que aceptes tu cuerpo, y la pérdida de peso significaría que estás invirtiendo en viejas estrategias en vez de poner tu fe en las estrategias que vas a aprender con este programa».

Emplear una metáfora de inversión o de viaje en dos direcciones diferentes para ilustrar la confusión, o disipación de energía, de no llegar a nuestro destino.

Sugerir tratamientos, primero, apropiados de acuerdo a las recomendaciones de la NICE *Guide for Eating Disorders [Directriz para los Trastornos Alimentarios]* (2004).

Si tenemos alguna duda sobre la disponibilidad de la cliente a comprometerse a usar diferentes estrategias, entonces consideramos las opciones siguientes:

- un período mayor de compromiso o
- dar a la cliente tiempo para pensar o
- acordar no apuntar a la cliente en este punto.

Cuando sea evidente, reconocer la ambivalencia de la cliente; por ejemplo:

«Por una parte, soy consciente de que has hecho el esfuerzo de venir a verme y estás pensando en los pros y los contras de cómo manejas las preocupaciones de tu imagen corporal. Por otra parte, has dicho que no estás segura de sentirte preparada en este momento para comprometerte a lo que se te pide si haces este programa».

Si se compromete con el programa, acordamos tareas para casa:

- Cómo manejo actualmente mi hoja de preocupaciones corporales (véase S1B, página 162).
- Experiencias que contribuyen a los sentimientos que me inspira mi cuerpo (véase S1C, página 163).

SESIÓN 2:
DISCUSIÓN DE RESULTADOS PSICOMÉTRICOS Y FORMULACIÓN PERSONALIZADA

Objetivos clave:
- Comprender cómo maneja la cliente actualmente los pensamientos y los sentimientos relativos a su cuerpo.
- Explorar cómo se ha desarrollado su imagen corporal.
- Formular un modelo personal respecto a cómo se mantienen las preocupaciones de su imagen corporal.

Revisión de progreso y tareas (10-15 minutos)

Utilizamos las dos hojas que se le pidió completar a la cliente como tarea para casa —«Cómo manejo actualmente mis preocupaciones de imagen corporal» (S1B) y «Experiencias que contribuyen a los sentimientos relativos a mi cuerpo» (S1C)— como sugerencias para hablar de la evolución de su imagen corporal. Esto debería incluir una discusión completa de los sucesos clave de la vida —sobre todo, los que tengan una relevancia emocional para ella— y cómo afectaron a la visión que la cliente tiene de sí misma.

«¿Cuándo fue la primera vez que te fijaste en tu peso y tu figura?».

«¿Cuándo comenzaste a juzgarte a través del peso y la figura?».

Las bromas o los comentarios negativos probablemente sean el factor más habitual que provoca ponerse a dieta; por ejemplo, en las personas que desarrollan trastornos alimentarios (Rosen, 1997). Quizá queramos explorar las posibles influencias de la familia (actitudes, comportamiento, pautas de alimentación o de peso).

«¿Qué actitudes tienen en tu familia hacia el peso y la figura?».

«¿Alguien más tiene un problema en este sentido?».

Validamos estas influencias sin dar la impresión de que ellas han causado el problema. (Muchos jóvenes que son víctimas de *bulyling* no desarrollan trastornos alimentarios). Es útil sacar el resultado de las experiencias negativas en términos de esquemas, creencias, emociones o conductas fundamentales: en ellas se centrará el cambio durante el tratamiento.

Por último, preguntamos por las excepciones:

«¿Hubo momentos en la vida de esa persona en que le preocupaba menos su peso o su figura corporal o se sentía más positiva?».

«¿Hay algo relativo a su cuerpo que ahora acepte o le guste más?».

Breve discusión del cuestionario de respuesta (10-15 minutos)

Véase el Apéndice 5 (página 211). Tratemos de pasar ahora a discutir sus actuales mecanismos de afrontamiento para manejar los pensamientos y los sentimientos relacionados con su cuerpo (por ejemplo, la evitación, las conductas de examen), pues éstas son las cosas que la cliente puede cambiar. Es importante que la cliente comience a entender cómo sus conductas de examen y evitación *mantienen* su problema de imagen corporal y que sus actuales conductas son sólo soluciones temporales a sus pensamientos y sentimientos:

«¿De qué manera crees que estas conductas podrían estar contribuyendo al problema o manteniéndolo?».

Discutir la formulación provisional (20 minutos)

Reunimos el trabajo de casa y la discusión de las puntuaciones para trabajar en colaboración en un diagrama que ilustre el desarrollo y el mantenimiento de las preocupaciones de imagen corporal de la cliente, utilizando los folletos S2A (página 164), S2B (página 165) y S2C (página 166) del Apéndice 3. Mientras hablamos de ello le pedimos que complete el S2B: la versión de la cliente de «Cómo se han desarrollado y mantenido mis problemas de imagen corporal» (el S2A es la versión del terapeuta y tiene sugerencias). Utilizamos el modelo psico-bio-social como ayuda en la formulación. Debatimos el papel de los hábitos cognitivos (la preocupación por la figura y el peso y la atención selectiva). Subrayamos y normalizamos la función de evitación. Aportamos ejemplos personales del modo en que la evitación puede ser útil si se recurre a ella de forma ocasional, pero no si se emplea de manera habitual. Aunque facilite una reducción *temporal* de la ansiedad, desempeña un papel decisivo en *mantener* realmente los problemas de imagen corporal a largo plazo. Un elemento importante de este tratamiento (en el que nos basamos) es superar la evitación de pensamientos, sentimientos y conductas. Para aquellos que consideran que sus experiencias pasadas siguen teniendo relevancia en su problema de imagen corporal, validamos su malestar en ese sentido y, luego, señalamos que la terapia tendrá que centrarse en los hábitos que mantienen el problema.

Acordar tareas (5 minutos)

- Examen de la imagen corporal y diario de evitación (véase S2D, página 167).

SESIÓN 3: ATENCIÓN PLENA I

> *Objetivos clave:*
> - Introducir el concepto de la atención plena (*mindfulness*).
> - Practicar un ejercicio básico de atención plena.
> - Planear cómo incorporar la práctica de la atención plena en el día a día.

Revisión del progreso y tareas (5 minutos)

¿Qué tal les fue con el diario? ¿Qué aprendieron? Una vez que hemos establecido la práctica de la atención plena volveremos a estos hábitos y haremos algunos cambios. Resaltamos la importancia de abordar estas conductas: ¿se sienten preparadas para comenzar a hacer algún cambio ahora? Animamos a la cliente a continuar con el diario para que aprenda lo más posible sobre sus estrategias de afrontamiento para cuando llegue a la sesión 5.

Stewart (2004) proporciona un buen conocimiento de cómo se aplica la atención plena al trastorno de la imagen corporal. Practicar esta conciencia plena uno mismo también será de enorme ayuda al enseñarla a las clientes y al hablar de los obstáculos que experimentan.

Introducción a la atención plena (10 minutos)

Introducimos a la cliente en este concepto a través del folleto de la Atención plena (véase S3, página 168). Subrayamos los puntos siguientes del folleto:

- La *mindfulness* consiste en tomar plena conciencia de cada momento y es un estado de la mente que se puede cultivar. Se ha demostrado que su práctica beneficia a personas con una gran variedad de problemas.
- La práctica de la atención plena procede de las tradiciones espirituales orientales, sobre todo del budismo, y también se practica dentro de la tradición contemplativa cristiana. En los últimos diez años se ha incorporado a las terapias con las que se pretende ayudar a las personas a superar sus problemas psicológicos.
- La atención plena se emplea actualmente en el tratamiento del dolor crónico, la depresión, el manejo del estrés y, más recientemente, los trastornos alimentarios y la alteración de la imagen corporal.
- La atención plena es una técnica que se puede aprender como cualquier otra. No tiene nada de misterioso. Es como aprender a montar en bicicleta o a tocar un instrumento musical y, por tanto, es una técnica que hay que practicar de forma habitual.

De modo que «tomar plena conciencia del momento»; pero ¿qué significa eso? Para ilustrarlo he aquí algunos ejemplos. Tenemos una conciencia plena cuando:

- Comemos algo y nos damos cuenta de cada sabor que degustamos, en vez de ingerir la comida mientras man-

tenemos una conversación o miramos por el salón del restaurante para ver a quién conocemos. Si uno tiene una conciencia plena, no piensa en «¿me sentará bien o mal comerme esto?» Simplemente, come.
- Bailamos al ritmo de la música y sentimos cada sonido, en vez de preocuparnos de si parecemos torpes o faltos de coordinación.
- Caminamos por un parque, conscientes de los sentimientos y los pensamientos que nos inspira el lugar, el aspecto que tiene y la sensación de nuestros pies al pisar la acera a cada paso. Esto es diferente a pasear por el parque mientras estamos distraídos por los pensamientos sobre lo que vamos a comer después, o los sentimientos hacia un amigo con quien hemos discutido, o las preocupaciones acerca de cómo vamos a pagar los recibos de ese mes.

Si nos paramos a pensar en ello, muy pocos de nosotros nos dedicamos a vivir de modo consciente, recibiendo cada momento de la vida tal cual se presenta. A menudo hacemos las cosas de manera automática, sin darnos cuenta de lo que hacemos. Normalmente, realizamos muchas cosas a la vez. Con frecuencia nos enfrascamos tanto en nuestros pensamientos y sentimientos respecto al pasado o el futuro que nos perdemos en ellos, desconectando de lo que está sucediendo justo delante de nosotros. (Vivir de esta forma tiene bastantes ventajas: podemos hacer muchas cosas de manera rápida, pensar en nosotros mismos como personas eficientes y que el mundo nos considere productivos e inteligentes). También vivimos sin conciencia porque a veces vivir con una completa conciencia es muy doloroso. Evitamos los pensamientos, los sentimientos y las situaciones dolorosas cuando tenemos miedo o estamos enfadados, avergonzados o tristes porque estamos convencidos de que no podemos hacer nada para cambiar y que no podemos soportar vivir con ellos. Tener realmente una conciencia plena es estar presente y atento al contenido de la experiencia de cada momento, ¡ya sea agradable o desagradable (o ninguna de ambas)!

Varias técnicas o cualidades se cultivan en la práctica de la atención plena: conciencia, aceptación y comprensión o discernimiento. ¡Esta última cualidad es algo que aumenta con la práctica y no se puede forzar! Estas técnicas no se pueden comprender y no son eficaces de forma aislada. La conciencia, por ejemplo, no se refiere a centrarse en determinados pensamientos o sentimientos, sino que se trata de una conciencia expansiva en la que empezamos a sentir cómo cambian dichos pensamientos y sentimientos. Esta conciencia expandida exige que uno no quede atrapado en sus pensamientos y sentimientos, y adopte una postura no enjuiciadora; es decir, practique la aceptación. La comprensión o el discernimiento viene cuando uno se da cuenta de que los pensamientos y los sentimientos son transitorios, no algo personalmente amenazador que necesariamente debe evitarse o neutralizarse. Esta comprensión conduce a un discernimiento en el cual podemos entonces responder a las dificultades o a las situaciones de manera más flexible.

La TDC identifica las siguientes técnicas de atención plena:

- Técnicas de *«qué»*: entre ellas se encuentra observar, describir y participar en la experiencia de uno.
- Técnicas de *«cómo»*: éstas incluyen no juzgar, experimentar el momento y ser eficaz en la propia experiencia.

Estas técnicas se discuten en el folleto de la cliente (S3) y se fomentarán a medida que avancemos en la práctica de la atención plena.

Conciencia plena de la respiración (15 minutos)

Práctica de la atención plena. Esto se hará junto con la cliente. Guiamos a la cliente a través del ejercicio siguiente:

> «Nuestra postura es muy importante: tenemos que sentarnos lo más rectos posible, preferiblemente en una silla de respaldo vertical. Ponemos ambos pies en el suelo y colocamos nuestras manos en una posición abierta y relajada con las palmas hacia arriba. Incitamos a adoptar una postura corporal abierta y receptiva. Ayuda que estemos dispuestos a cerrar los ojos».

(En caso contrario, sugerimos a la cliente que baje la vista y mire al suelo).

> «Quiero que te centres en el paso del aire a través de tu cuerpo: comenzando por las aletas de la nariz, bajando por la garganta y al interior de los pulmones y luego al abdomen.

Céntrate en la respiración... según entra... y sale... Es útil elegir un sitio donde puedas sentir tu respiración, como la entrada a las aletas de la nariz o dentro de ellas, donde el aire se calienta.

Tal vez tu mente comience a divagar: hacia el ruido exterior o a pensar en tus planes para la tarde. Simplemente date cuenta de que tus pensamientos se han desviado y haz que se centren de nuevo en tu respiración. Esto es como gobernar un barco. Se hace con atención pero desplazándose tranquilamente a través del agua.

Simplemente voy a dejar que te centres tu sola en tu respiración durante un par de minutos...

Tómate tiempo para volver poco a poco a poner tu atención en la habitación y cuando estés lista abre los ojos».

Revisión (10 minutos)

«¿Qué tal te ha ido?».

«Exactamente igual que un músculo que se hace cada vez más fuerte con el ejercicio, nuestra capacidad para prestar atención en un sentido que proporciona una mayor conciencia llega con la práctica».

Normalizamos si la cliente tiene dificultades; por ejemplo:

«Puedo entender que la sensación te resulte incómoda, pero supongo que por eso estás aquí».

«Tengo verdaderas esperanzas de que esto te será beneficioso. Va a ser más fácil».

Si la cliente está inquieta:

«Me doy cuenta de lo difícil que te resulta estar tranquila.... ¿quizás para ti haya sido una forma de evitar ciertos pensamientos y sentimientos?».

«Al principio será difícil, pero puedo prometerte que con el tiempo redundará en tu beneficio y ayudará a que te reconcilies con tu cuerpo».

Discutir cuestiones prácticas (5 minutos)

«Esto puede ser difícil de encajar en las actividades cotidianas: ¿cuál sería para ti el momento más fácil? Hacerlo a la misma hora cada día ayuda a que se incorpore a tu rutina diaria (como cepillarse los dientes: lo haces sin esfuerzo).

¿Dónde lo vas a hacer? Es importante tener un espacio en el que no te moleste nadie y te sientas cómoda.

Piensa en el riesgo de interrupciones: por ejemplo, cónyuge/niños/teléfono, etc. y cómo puedes controlarlo. Apaga tu teléfono móvil».

Animamos al compromiso a largo plazo. Subrayamos la importancia de esta técnica dentro del programa.

Resaltamos que la cliente no lo está haciendo mal porque se distraiga durante el ejercicio. Hablamos del concepto de «mente mono»: cómo la mente salta de una cosa a la otra.

Acordar tareas (5 minutos)

- Práctica de la atención plena.
- Lectura y consideración de la hoja de atención plena (S3).

SESIÓN 4: ATENCIÓN PLENA II

Objetivos clave:
- Revisar la experiencia de atención plena de la cliente.
- Basarse en la práctica de la atención plena utilizando un «barrido corporal».

Revisión del progreso y tareas (20 minutos)

Revisamos la práctica de la atención plena. Si la cliente no se ha comprometido a ella o no le encuentra ningún beneficio, exploramos los problemas que puede plantear su práctica y hacemos hincapié en su vital importancia. Es la base sobre la que descansa el resto del tratamiento. Discutimos la hoja de la Atención plena: ¿Qué entiende la cliente por las técnicas de «qué» y «cómo»? ¿Cómo piensa que podemos aplicarlas a la vida o a los problemas de imagen corporal? Resaltamos que tener conciencia plena no significa que uno intente cambiar sus pensamientos y sentimientos. Tampoco significa distraerse ni «vaciar nuestra mente». Como observador plenamente consciente, uno tan sólo presta atención a su mente y se esfuerza por aceptar lo que haya en ella. Uno observa el ir y venir de sus pensamientos sin tratar de cambiarlos, aferrarse a ellos o hacer que se vayan.

Mindfulness no es lo mismo que relajación. Uno no pretende alcanzar ningún estado de ánimo particular. Tal vez nos sintamos más apacibles, pero sólo si aceptamos todos los estados de ánimo, ¡sobre todo aquellos que no nos ponen apacibles!

Exploramos algunas metáforas aplicables a la atención plena; por ejemplo, un lago es perturbado cuando se le arrojan guijarros o piedras (pensamientos y sentimientos). Sin embargo, el lago es ancho y profundo y posee una connotación de expansibilidad y calma. Las ondulaciones (efecto de los pensamientos y los sentimientos) se desvanecen en la extensión de agua.

Atención plena con barrido corporal (25 minutos)

Pedimos a la cliente que adopte una postura de atención plena, que el terapeuta también adopta.

Explicamos a la cliente que le vamos a pedir que ponga su atención en diferentes partes de su cuerpo, recorriéndolo de abajo a arriba de forma gradual. La cliente tendrá que utilizar sus técnicas de *mindfulness* y ser consciente de qué sentimientos, pensamientos y juicios surgen de cada una de ellas. Se pone el acento más en la conciencia que en la evitación o la supresión. Se empieza por los pies, se sube por las piernas, el trasero, arriba de la espalda, en torno a los hombros y bajando por los brazos, manos, y luego la barriga, el pecho, el cuello, la nuca, el cuero cabelludo, la frente, los ojos, la nariz, las mejillas, la boca y la barbilla. Cuando el barrido del cuerpo es completo, pedimos a la cliente que observe, describa y reflexione. Damos forma al proceso con «observa y describe». Preguntamos:

«¿Qué pensamientos has detectado?».

Acordar tareas (5 minutos)

- La práctica de la atención plena con barrido del cuerpo. Acordamos la frecuencia con la que la cliente está dispuesta a hacerlo. De forma diaria le reportará el mayor beneficio.
- Continuamos con el diario, utilizando la segunda versión (Folleto S4, página 178). Discutimos la diferencia entre un impulso y una acción, introduciendo una pausa entre los dos. Explicamos cómo la autoobservación nos ayuda a ser conscientes a tiempo, de modo que podemos desarrollar más capacidad de elección para actuar obedeciendo a un impulso o al margen de él. Si hay tiempo, pedimos a la cliente un ejemplo.

SESIÓN 5: CAMBIAR HÁBITOS INÚTILES

> *Objetivos clave:*
> - Revisar la experiencia del «barrido corporal» de la cliente.
> - Acordar metas para cambiar las estrategias de imagen corporal.

Bienvenida y revisión de progreso y tareas (10 minutos)

Revisamos la práctica de la atención plena y el barrido corporal.

«¿Qué pensamientos, juicios o sentimientos has observado?».

Preguntamos a la cliente lo que ha observado sobre la naturaleza de los sentimientos y los pensamientos relacionados con su cuerpo. Por ejemplo, ¿fluctúan? Puede ser útil darse cuenta de que la imagen corporal no es un constructo fijo. Ser conscientes de que estos sentimientos pueden cambiar sin que uno tenga que hacer nada ayuda a fomentar una postura de aceptación no intervencionista. También puede ser un indicador útil para entender los antecedentes de los estados de imagen corporal negativos; por ejemplo, si la cliente está desanimada respecto a otras cuestiones de su vida; ¿esto se traduce automáticamente a su imagen corporal? ¿Se ha convertido en una taquigrafía de otros sentimientos negativos? Podría ser útil emplear una metáfora de locomotoras que se desenganchan de un tren.

Practicar una breve atención plena (5 minutos)

Tratamos cualquier problema de duda o comprensión errónea que haya surgido durante la revisión en nuestra instrucción.

Realizar cambios (30 minutos)

Sacamos y revisamos el Cuestionario de Evitación de la Imagen Corporal, el Cuestionario del Examen Corporal y la Evitación, y los diarios, una vez completados.

Esta sesión tiene como objetivos las conductas de examen y evitación que hemos identificado en la primera sesión y reflexionar sobre el papel fundamental que desempeñan dichas conductas en el mantenimiento de nuestro problema de imagen corporal.

Revisar comportamientos

¿Qué hábitos ha desarrollado la cliente para examinar su cuerpo? ¿Se compara a sí misma con otros? ¿Cómo?

«¿Con quién es más probable que te compares?».

«¿De qué te sirve compararte con otros?».

«¿Hacer esto tiene para ti alguna consecuencia problemática?».

Exploramos con el cuestionamiento socrático y el descubrimiento guiado otras conductas de examen y el papel que juegan en el mantenimiento de su imagen corporal negativa incrementando la timidez, la preocupación y la evaluación negativa. Validamos cómo se ha desarrollado todo esto, reduciendo la ansiedad y la inseguridad iniciales.

Evitación

Todos nosotros recurrimos a la evitación: distraerse, pasar por alto, escapar de cosas que no nos gustan o nos resultan incómodas. A veces esto puede ser útil, pero puede conducir a otros problemas; sobre todo, cuando se hace de forma habitual. He aquí algunos ejemplos. Pensemos en los pros y los contras de estas respuestas o costumbres. ¿Cuáles son los riesgos potenciales?

- No te llevas bien con la persona con quien vives y te descubres volviendo a casa cada vez más tarde o procurando quedar con amigos en vez de estar en casa.
- No se te da bien el papeleo y dejas que se te amontone el correo antes de abrirlo, incluidas las facturas.

¿Qué hábitos de evitación hemos desarrollado con respecto a nuestra imagen corporal? ¿Estos hábitos han mantenido nuestro problema de imagen corporal negativa y, de ser así, cómo? ¿Cuáles son los pros y los contras?

Exploramos socráticamente de qué modo la cliente podría cambiar o modificar dichos hábitos. Por ejemplo, si se compara con otros es probable que escoja a personas esbeltas o delgadas. Preguntamos cómo podría cambiar esta costumbre para cortar con esa conducta recurrente (es decir, compararse con toda clase de personas, entre ellas algunas de figura «rellena» o que tengan sobrepeso, o centrarse en alguna otra cosa que no sea la figura y el peso; por ejemplo, su pelo o su sonrisa).

Si la cliente tiene dificultades en comprender la importancia de cambiar sus estrategias, probamos a usar una serie continua con la aceptación en un extremo y las estrategias de evitación, compensatorias y neutralizantes en el otro. Hacemos que nos indique en qué lugar de la línea se sitúan sus actuales estrategias. Le preguntamos qué tendría que hacer para avanzar hacia el extremo de la aceptación. (Esta discusión contribuye a fijar el concepto de la aceptación como una estrategia activa y también la voluntad de intentar un enfoque diferente).

Subrayamos la importancia del cambio conductual. Mostramos cómo un temprano cambio de conducta es el mejor pronosticador de resultados en la TCC en el caso de la bulimia nerviosa. Preguntamos a la cliente lo que piensa de ello; ¿puede reconocer ese principio en su propia experiencia? Explicamos que para que las técnicas aprendidas en el programa le beneficien, tienen que «generalizarse» a su vida cotidiana.

Si pudiera hacerlo, ¿qué indicaría que ha logrado cambiar su imagen corporal? Por ejemplo, ir a nadar a piscinas públicas. (Si la cliente no está segura o si pensamos que es útil, podríamos sugerirlo nosotros en base al conocimiento que tenemos de ella). Otras ideas incluyen llevar ropas muy ajustadas, exponer a la vista los brazos o las piernas con prendas más pequeñas, vestirse delante de otros o probarse ropa en probadores, utilizar lociones corporales.

Explicamos a la cliente la hoja de Objetivos de cambio (véase S5, página 179) —hacemos una clara distinción entre objetivos generales y metas concretas; por ejemplo:

Objetivo general: Llevar una ropa que revele más el cuerpo.
Meta específica: Esta semana llevaré una blusa de manga corta todos los días.

Desarrollamos la lista en colaboración, con la conducta de desafío más fácil en el número 1 de la lista. Apuntamos el mayor número de objetivos generales que nos sea posible y luego trabajamos sobre metas específicas —al menos dos— que la cliente acuerde proponerse esa semana. Resaltamos la necesidad de llevar a cabo la meta cada día en vez de sólo una vez a la semana: empleamos las técnicas del «pie en la puerta» si es necesario. Las metas específicas para ponerse inicialmente podrían ser las dos más fáciles o las dos que la cliente se sienta más motivada para abordar. Al anotar los objetivos y las metas, cuando sea posible, hacemos hincapié en la alternativa positiva a la conducta originaria en vez de limitarnos a elaborar una lista de las conductas negativas que hay que cambiar. Por ejemplo, en vez de escribir «dejar de llevar ropa negra», utilizamos una alternativa positiva como «empezar a llevar ropa de colores».

Tratamos de modelar la «disposición». Éste es un enfoque colaborador de la TCC de «tercera ola», aunque también se podrían emplear técnicas de «segunda ola» como experimentos conductuales. Subrayamos el principio de habituación (¡primera ola!): cuanto más lo hagas, más fácil será.

El terapeuta debería redactar esta lista en colaboración con la cliente, y dicha lista debería imprimirse y actualizarse semanalmente con nuevas metas específicas a medida que la cliente progrese.

Sugerimos que se mantenga un diario de los logros o las dificultades.

Acordar tareas (5 minutos)

- Atención plena.
- Hoja de cambiar costumbres inútiles + 2 metas (S5).

SESIÓN 6: POSTURA NO ENJUICIADORA

Objetivos clave:
- Revisar el progreso de los objetivos de cambio y acordar ponerse más metas.
- Introducir el concepto de la postura no enjuiciadora.
- Configurar una postura menos enjuiciadora de la imagen corporal y deshacerse de los «constructos» de la imagen corporal negativa.

Bienvenida y revisión de progreso y tareas (10 minutos)

- Revisión de las metas de la semana previa e identificar posibles nuevos pasos para el progreso.
- Atención plena.

Practicar la atención plena (5 minutos)

Repetimos un breve barrido corporal, instruyendo a la cliente para que observe y deje fluir cualquier sentimiento, pensamiento o juicio.

Postura no enjuiciadora (30 minutos)

Explicamos que esta semana estamos afianzando las técnicas de atención plena, introduciendo el concepto de postura no enjuiciadora:

La postura no enjuiciadora es un elemento importante para asumir un enfoque plenamente consciente respecto a nuestros pensamientos y sentimientos y otra pieza fundamental de este programa.

La postura no enjuiciadora es aceptar la realidad sin juzgarla. Esto implica exponerse sin defensas a los pensamientos, a los sentimientos y a las sensaciones del cuerpo tal como se experimentan de forma directa, sin intentos de neutralizar, controlar o regular la experiencia interna.

La postura no enjuiciadora *no* es lo mismo que juzgar de forma positiva. Los juicios pueden consistir en evaluar algo como bueno o malo. Es importante entender esto con respecto a la imagen corporal, pues ciertos libros hablan de «amar» nuestro cuerpo; es decir, una postura enjuiciadora positiva, lo que, para muchas personas, es bastante irreal y tal vez no sea sostenible.

Permitir o aceptar la propia experiencia no es lo mismo que *tolerar* o *ser pasivo*, sino que supone abrazar *activamente* la experiencia del aquí y ahora.

(La palabra «aceptación» etimológicamente viene del latín *acceptare*, derivado de *accipere*, y éste, de *capere* «coger»).

Introducimos el concepto de postura no enjuiciadora explorando otros ejemplos de juicios que tengan menos carga antes de tratar aquellos que la cliente relaciona con su cuerpo. Entre ellos puede haber declaraciones sobre el aspecto o que evalúen a alguien en ámbitos distintos a la imagen corporal; por ejemplo, afirmaciones sobre cuánto esfuerzo realiza alguien. (Una declaración no enjuiciadora sería describir cuánto tiempo dedicó a una actividad; cómo continuó con una tarea hasta completarla, frente a afirmaciones sobre los rasgos de personalidad que podrían adquirir un carácter de juicio, como que dicha persona era «perezosa»).

Podemos, luego, pasar a las afirmaciones que la cliente efectúa sobre sí misma pero fuera del ámbito de la imagen corporal.

> «Podríamos ahora pensar en algunas afirmaciones que has hecho sobre ti misma; por ejemplo, sobre tu actuación en el colegio o la universidad».

Utilizamos la escala del juicio (véase S6B, página 182). ¿Dónde encajaría en la línea cada declaración? Cuando la cliente ha expresado varias declaraciones, pasamos a las cuestiones de la imagen corporal. Para ilustrar la postura no enjuiciadora, el terapeuta puede pedir a la cliente que comente algunos pensamientos habituales que ésta tiene respecto a su imagen corporal, utilizando la escala. El terapeuta también puede aportar ejemplos personales, ilustrando con comentarios sobre su propio cuerpo y preguntando a la cliente dónde los pondría en la línea del enjuiciamiento. Si el terapeuta está dispuesto, mientras se hace esto sería útil introducir trabajo de espejo y modelar la exposición a la imagen corporal.

Puede ser muy difícil no juzgar absolutamente nada al observar y describir nuestro cuerpo. Formulamos la idea de la aceptación radical como una alternativa; por ejemplo:

> «Éstos son mis muslos, y así es como son. Cumplen bien su función».

Es probable que a las clientes les cueste creer que pueden ser no enjuiciadoras respecto a su imagen corporal.

- Reconocer que es muy difícil, con todo nuestro bagaje cultural, hacer observaciones no enjuiciadoras sobre nuestro cuerpo.
- Basarse en lo que entienden por las técnicas de «observar» y «describir» en la atención plena.
- Pedir a la cliente que reflexione sobre las dos afirmaciones: «Estoy gorda» y «Tengo el pensamiento de que soy gorda».

¿Dónde se situarían estas declaraciones en la escala enjuiciadora?

- Señalar que todavía tendrá pensamientos enjuiciadores sobre la forma y el tamaño de su cuerpo pero que puede ser consciente de que sólo se trata de pensamientos o juicios.
- También puede «modelar» la severidad de sus juicios. Aunque «bien» siga siendo un juicio, es menos enjuiciador que decir «mis muslos son horribles».

Acordar tareas (5 minutos)

- Convenir y llevar a cabo nuevos objetivos.
- Atención plena diaria.
- Diario de la postura no enjuiciadora (S6A, página 181).

SESIÓN 7: LOS MEDIOS DE COMUNICACIÓN

> *Objetivos clave:*
> - Revisar el progreso de los objetivos de cambio y la postura no enjuiciadora.
> - Aumentar la conciencia del efecto de los medios sobre nuestra imagen corporal.
> - Revisar los «pensamientos erróneos» habituales y cómo contribuyen a una imagen corporal negativa.

Bienvenida y revisión de progreso y tareas (10 minutos)

- Revisión de las metas de la semana previa y establecer nuevos pasos para el progreso.
- Atención plena.
- Diario de la postura no enjuiciadora.

Atención plena (5 minutos)

Practicamos la atención plena juntos, basándonos en (modelando) una cualidad o técnica que la cliente trata de incorporar.

Los medios de comunicación: debate (15 minutos)

Pedimos a la cliente que reflexione sobre qué imágenes y mensajes recibe de los medios. Hablamos de cómo las revistas de moda, los anuncios, los programas de televisión y las películas fomentan la «glorificación de la delgadez», propia de nuestra cultura (Gilbert y Thompson, 1996) equiparándola con lo atractivo, la felicidad y el éxito, mientras que al mismo tiempo se relaciona la gordura con atributos tan negativos como la pereza, la fealdad y el fracaso (Rothblum, 1994).

¿Qué efecto tienen estos mensajes sobre nosotros?

Hablamos de cuántas chicas y mujeres que no pueden alcanzar los estándares que establecen los medios de comunicación podrían experimentar vergüenza y la sensación de no ser lo bastante buenas. Aunque tengan padres o amigos que las apoyen, muchas chicas o adolescentes tal vez no puedan hacer caso omiso de las imágenes de modelos superdelgadas que adornan las carteleras, las portadas de las revistas, las pantallas de televisión y de cine.

¿Cómo encajan estos mensajes con los cambios que experimentan nuestros cuerpos en la pubertad?

Preguntamos a la cliente si es consciente de cómo las imágenes idealizadas de los cuerpos femeninos han cambiado con el paso del tiempo, desde Venus, pasando por Marilyn Monroe hasta los actuales iconos que normalmente tienen menos peso del normal desde el punto de vista médico y a menudo sufren trastornos alimentarios. Siempre ha habido presiones sobre las mujeres para que modifiquen su figura corporal (por ejemplo, con el uso de corsés en la Europa victoriana), y en diversas culturas (por ejemplo, atando los pies de las mujeres en China).

Comentamos cómo el actual ideal femenino cultural de tener un aspecto delgado o «de niña abandonada» en realidad es incompatible con el desarrollo de las curvas y la grasa corporal inherentes a la pubertad.

¿Cómo se utilizan los cuerpos de las mujeres en los medios de comunicación?

Hablamos de las influencias concretas que inciden sobre la cliente. Validamos lo difícil que es controlar las presiones competitivas de ser delgada y los impulsos naturales de alimentarse. Se nos bombardea con imágenes de comida como una fuente de placer o un símbolo de cercanía, de afecto compartido y de celebración (véase el artículo de Brownell, 1991. Podría ser útil aportar este artículo).

> La investigación psicológica ha demostrado que las imágenes visuales de modelos delgadas contribuyen de forma significativa a aumentar la insatisfacción corporal; especialmente, en personas que ya la tienen o que sufren un trastorno alimentario.
>
> Groesz et al., 2002

Ejercicio (15 minutos)

Pedimos a la cliente que cierre los ojos, y recordando la escala empleada anteriormente, que puntúe los sentimientos que le provoca su cuerpo de 0 a 100.

Ponemos varias revistas delante de la cliente. ¿Cuál le atraería más? ¿Por qué? Le pedimos que hojee la revista como lo haría normalmente. ¿Qué atrae su atención? ¿Qué escoge mirar o leer? ¿De qué modo afecta a su imagen corporal el hecho de ver revistas?

Discutimos la hoja de trabajo de las «Pautas de pensamiento» (véase S7B, página 184). ¿Qué pautas de pensamiento están actuando cuando leemos revistas? ¿Cómo podrían aplicarse estas pautas a otros aspectos de nuestra imagen corporal? Invitamos a reflexionar sobre los pensamientos, los sentimientos y los juicios que surgen, y a continuación pedimos a la cliente que vuelva a puntuar los sentimientos que le despierta su propio cuerpo. Validamos cómo el alto valor que la cliente otorga a la búsqueda de la delgadez es compartido y fomentado de manera constante en nuestra cultura. (Esto es «vivir de acuerdo a normas y tareas establecidas»). Una metáfora que puede ser útil para la recuperación o el cambio es ésta:

«Es como empujar un camión colina arriba cuando la mayoría de las demás mujeres (jóvenes) que te rodean corren colina abajo».

¿Qué podrías hacer distinto para que sea menos probable que leyendo revistas y viendo televisión y películas haga que te sientas mal con tu cuerpo?

Acordar tareas (5 minutos)

- Nuevas metas.
- Atención plena con postura no enjuiciadora.
- Hoja de reflexión sobre los medios de comunicación (S7A, página 183).
- Hoja de errores de pensamiento (S7B): ejemplos personales.

SESIÓN 8: PREPARACIÓN PARA LA EXPOSICIÓN

> *Objetivos clave:*
> - Fortalecer el compromiso de la cliente y sus esfuerzos en pro del cambio.
> - Comprender los principios del tratamiento de la exposición.
> - Planificar y preparar a la cliente para la práctica de la exposición.

Bienvenida y revisión de progreso y tareas (15 minutos)

- Objetivos de cambio. Validar lo que se ha alcanzado y luego reforzar el impulso para el cambio, señalando que lleva recorridos dos tercios del camino a lo largo del programa.
- Atención plena con postura no enjuiciadora.
- Reflexiones tras una sesión de medios de comunicación.

Breve atención plena (5 minutos)

Tratamos cualquier preocupación que pueda haber sobre las instrucciones de la atención plena. Si no es necesario, dejamos las instrucciones y prolongamos el silencio.

Debate (25 minutos)

La exposición tiene una larga tradición y evidencia de base. Exponerse a un estímulo temido conduce a que con el tiempo nos acostumbremos a ese estímulo; es decir, reduce la intensidad de nuestras respuestas emocionales a él. Explicamos que éste es el paso siguiente en la construcción de las habilidades que se desarrollan en este programa, utilizando:

- Atención plena en acción: medios hábiles.
- Aceptación radical: apertura total a la experiencia, entrando en la realidad del momento presente tal cual es, y confiando en nuestra capacidad para soportar el malestar.

La exposición es un paso adicional al dirigirse de forma deliberada hacia lo que es desagradable con una actitud abierta y de aceptación, además de abstenerse de hacer cualquier cosa (mental o conductual) para neutralizar o escapar a esta experiencia.

Utilizamos el folleto de la exposición física (véase S8, página 191) para comentar los principios básicos de la exposición, y recurrimos a la experiencia anterior con los objetivos de cambio (S5). Describimos en qué consistirá el ejercicio, por ejemplo ponerse de pie frente a un espejo de cuerpo entero, llevando ropa que revele las formas, soportando pensamientos y sentimientos incómodos hasta que la intensidad disminuye, observando y describiendo los pensamientos y los juicios, empleando una postura no enjuiciadora. El acento se pone en la aceptación de sí misma y en tolerar los sentimientos negativos que se experimentan en el momento. Es fundamental lograr que la cliente se comprometa a esta fase del tratamiento. En este punto, si no estamos seguros de su compromiso, seamos dialécticos. Por ejemplo:

> «Por un lado, soy consciente de que te estamos pidiendo que hagas algo realmente difícil. Al mismo tiempo, también sé que hay una buena evidencia de base para sugerir que la exposición puede reportar verdaderos beneficios a quienes se esfuerzan en superar sus problemas de imagen corporal, y como tal es un elemento esencial de este tratamiento. ¿Crees que estás preparada para hacerlo?».

Es muy importante que la cliente se comprometa a soportar la ansiedad y que no utilice la evitación o conductas de seguridad. Hablamos de la necesidad de comprometerse con este ejercicio; huir de la exposición antes de que se reduzca el malestar reforzaría el temor, de modo que es inútil.

Comentamos cómo podría emplear la cliente sus técnicas de atención plena y postura no enjuiciadora a lo largo del ejercicio. Utilizamos estrategias de compromiso; por ejemplo:

> «Este ejercicio va a ser realmente duro; ¿por qué querrías hacerlo?».

Acordamos qué va a llevar puesto la cliente durante la sesión para lograr un máximo de exposición. Utilizamos los métodos de «pie en la puerta»: por ejemplo, si la cliente dice que aceptará llevar un «top» sin mangas, le preguntamos si estaría dispuesta a llevar un «top» de tirantes. Si nunca lleva faldas, le preguntamos si estaría dispuesta a llevar una falda.

Explicamos las conductas de seguridad y de qué modo evolucionan, y le pedimos ejemplos. Señalamos cómo las conductas de seguridad, por ejemplo, meter el estómago durante el ejercicio, en realidad pueden obstaculizar la exposición efectiva e impedir una reducción de la ansiedad. Le pedimos a la cliente que reflexione sobre sus potenciales conductas de seguridad para que sea más consciente.

Acordar tareas (5 minutos)

- Práctica de la atención plena con una media sonrisa.
- Continuar con los objetivos de cambio (S5).
- Leer cuidadosamente el folleto de la exposición (S8).

SESIÓN 9: EXPOSICIÓN ANTE EL ESPEJO I

> *Objetivos clave:*
> - Practicar la exposición ante el espejo.
> - Proyectar más práctica de la exposición para la semana siguiente.

AVISO: para esta sesión hará falta un espejo de cuerpo entero y dos tarjetas. En una tarjeta se escribe: «Tengo un pensamiento...»; en la otra se escribe: «Postura no enjuiciadora».

Bienvenida y revisión de progreso y tareas (5 minutos)

- Atención plena y metas.

Preguntamos a la cliente cómo se siente respecto a la sesión de hoy. Validamos sus temores o preocupaciones y su disposición. Erica Jong dijo:

«Si no arriesgas nada te arriesgas incluso más».

Ejercicio de exposición (35 minutos)

Nos aseguramos de que la cliente entienda la exposición y la teoría de base que hay detrás del ejercicio. Es importante que comprenda con claridad por qué se le pide que haga este elemento del tratamiento.

«Muchas personas son reacias a realizar esta tarea porque tal vez les cohíba mirarse al espejo; sobre todo, delante de otra persona (es decir, el terapeuta). Esto es muy comprensible, y es importante normalizar estos pensamientos y sentimientos».

Volvemos a obtener el compromiso para el ejercicio. No se debe acordar con la cliente un tiempo determinado para su realización; en su lugar hay que acordar el grado de reducción de malestar que sea de valor para el individuo; por ejemplo, desde una puntuación de ansiedad de 10 a 7. Hay que asegurarse de que su meta de cambio es realista.

Introducimos las dos tarjetas de pensamiento. Estas tarjetas servirán como sugerencias para la cliente durante el ejercicio. A ésta se le pide que sostenga una tarjeta en

cada mano, y que las utilice a lo largo del ejercicio cuando verbalice pensamientos, sentimientos o juicios. Le pedimos que reflexione sobre el sentido de estas tarjetas, sobre todo haciendo hincapié en que se aparte del enjuiciamiento hacia una postura no enjuiciadora.

Se le pide que puntúe su ansiedad en una escala de 1 a 10 antes de comenzar el ejercicio.

Cuando la cliente esté lista, le pedimos que se sitúe de pie frente a un espejo de cuerpo entero en el que pueda verse al completo. Le pedimos, empleando las dos tarjetas, que verbalice los pensamientos, los juicios y los sentimientos que le surgen mientras mira su cuerpo.

La incitamos a que utilice la respiración consciente, que observe y describa (por ejemplo, «Me sigo dando cuenta...»), y la postura no enjuiciadora mientras se mira al espejo.

Si la cliente se queda en duda entre lo que es un juicio y lo que es un pensamiento, le recordamos la línea de la postura no enjuiciadora y hacemos que puntúe en qué parte de la línea estaría el pensamiento que tiene. Si la cliente se está esforzando por llegar a una postura no enjuiciadora o en «observar y describir», normalizamos esto y la animamos a que trabaje en ello, diciendo (por ejemplo):

«Ésta es mi barriga y así es como es».

Así se aplica la aceptación radical de la que se habló antes.

A medida que progrese el ejercicio, revisamos la ansiedad de la cliente sobre la misma escala de 1 a 10 hasta que se haya reducido al nivel acordado. Finalizamos el ejercicio cuando se haya alcanzado este nivel. Revisamos la experiencia después de haber completado el ejercicio.

Negociamos la práctica de la exposición por parte de la cliente en casa.

> «Por una parte sé que esto puede ser algo difícil y angustioso para que lo hagas en casa. Por otra parte, es realmente importante para conseguir un cambio. ¿Con qué frecuencia estás dispuesta a practicar?».

Planificamos cómo tratar con una imagen corporal negativa surgida después de la exposición (incluido solicitar ayuda si es necesario).

> «¿Qué sentimientos podría evocar? ¿Cómo los controlarás?».

Invitamos a la cliente a que haga tres o cuatro afirmaciones de validación de sí misma referentes a lo logrado en la sesión. Empleamos validación o elogio; por ejemplo:

> «Eso ha requerido mucho coraje. Me inspira mucho respeto lo que acabas de hacer».

Acordar tareas (5 minutos)

- Práctica de la exposición: animar a llevar un diario reflexivo de los pensamientos, juicios, no juicios, etc.
- Atención plena.

- Metas adicionales en orden de importancia, si fuera necesario (a menudo, la práctica de la exposición es suficiente).

Finalizamos con una breve práctica de atención plena (5 minutos), e invitamos a la cliente a observar y dejar pasar cualquier sentimiento, pensamiento o juicio.

SESIÓN 10: EXPOSICIÓN ANTE EL ESPEJO II

> *Objetivos clave:*
> - Revisar la experiencia de la práctica de la exposición.
> - Practicar la exposición selectiva sobre zonas específicas del cuerpo.

Bienvenida y revisión de progreso y tareas (10 minutos)

Revisamos la práctica de la exposición y el diario reflexivo. ¿Qué crees que ha ido bien? ¿Qué ha sido difícil? Exploramos a fondo la experiencia de la cliente con la práctica de la exposición, pues éste puede ser un elemento muy complicado del programa.

Ejercicio de exposición selectiva (30 minutos)

Éste es un ejercicio de exposición selectiva, que se centra de forma específica sobre «puntos calientes» del cuerpo para la cliente, por ejemplo los muslos, la barriga, etc., y utiliza los mismos principios que en la sesión anterior.

Hablamos con la cliente sobre qué zona cree que le sería más beneficioso centrarse en esta sesión. Lo ideal es que sea la zona que evita y/o examina más, pero algunas tal vez no se sientan preparadas para esto y tengan que empezar con una zona menos sensible. Provocamos y modelamos la disposición a abordar estas zonas difíciles.

Empezamos con una breve *mindfulness*, pues en esta fase del programa estamos modelando la aplicación de la atención plena (aceptación) a los estados negativos (imagen corporal negativa).

Al igual que antes, acordamos el grado de reducción de malestar que tenga valor para el individuo y le pedimos que puntúe su ansiedad en una escala de 1 a 10 antes de comenzar el ejercicio.

Colocamos el espejo de modo que la cliente se centre en la zona acordada. Le recordamos que haga uso de las tarjetas de sugerencia. Una vez iniciado el ejercicio, la animamos al uso de la respiración atenta, del «observar y describir» (es posible que haya que sugerir esto; por ejemplo, «Sigo dándome cuenta...») y de la postura no enjuiciadora mientras se mira en el espejo.

Somos conscientes de las conductas de seguridad y los obstáculos a la exposición. ¿Cuáles son las probables conductas de seguridad o «estrategias de huida» de la cliente? Examinamos su ansiedad hasta que se haya reducido al nivel acordado y analizamos la experiencia después de haber completado el ejercicio.

Acordar tareas (5 minutos)

- Planificación de futuro. Pedimos a la cliente que rellene al completo un Examen de la Imagen Corporal (S11A). En esto se centrará la sesión siguiente. Su función es averiguar de qué modo sigue manejando los pensamientos y las creencias relacionados con su cuerpo y buscar algún

cambio positivo y/o zonas problemáticas restantes. Este diario incluirá espacio para el continuado uso de la exposición con atención plena, etc.
- Práctica de la exposición selectiva, según se haya convenido con la cliente.
- Examen de la Imagen Corporal (folleto S11A, página 198).

SESIÓN 11:
REVISAR, CONSOLIDAR EL CAMBIO Y LOCALIZAR PROBLEMAS

> *Objetivos clave:*
> - Revisar el progreso en todos los elementos del programa.
> - Localizar las zonas problemáticas y planear las metas para la última semana.

Bienvenida y breve atención plena (5 minutos)
Revisión de progreso y tareas (5 minutos)

Revisión (35 minutos)

Es importante advertir que en este punto del programa los principales elementos del tratamiento se han establecido. A partir de ahora, el enfoque tiene que ser más flexible, en función de las necesidades de la cliente. Con el programa próximo a su fin, el objeto de esta sesión es examinar a fondo dónde se halla la cliente en todos los elementos del tratamiento. Revisamos el progreso y la comprensión de:

- Atención plena.
- Objetivos de cambio.
- Postura no enjuiciadora.
- Exposición.

Localizamos las zonas de preocupación o dificultad, sobre todo empleando el Diario de la Imagen Corporal que la cliente ha escrito como tarea para casa.

Obtenemos un mayor compromiso para el cambio en la superación de los hábitos inútiles. Subrayamos que cambiar el trastorno de la imagen corporal es un proceso, y que dicho proceso posiblemente no se pueda completar en sólo doce semanas. Si la cliente prosigue con el trabajo que ha realizado hasta ahora, auguramos que los síntomas de trastorno alimentario residuales disminuirán y su imagen corporal continuará mejorando. Sin embargo, esto sólo ocurrirá si sigue invirtiendo esfuerzo y energía en utilizar el conocimiento y las técnicas que ha desarrollado durante el programa. Como dijo Winston Churchill: «Nunca os deis por vencidos, nunca, nunca, nunca, nunca».

Tomamos en consideración basarnos en la postura no enjuiciadora introduciendo la práctica de la compasión en una o dos sesiones adicionales.

Acordamos con la cliente qué papel debemos tener, en caso de tenerlo, para apoyarla en este cambio. Si creemos que hace falta más orientación profesional y la cliente se compromete con el programa y con el uso de las técnicas, tal vez queramos ofrecerle una eventual serie de sesiones utilizando dichas técnicas; es decir, practicar la atención plena y la postura no enjuiciadora. La exposición al espejo, el cambio conductual y el trabajo de compasión tal vez haya que prolongarlos. Normalmente, ofreceríamos un máximo de veinte sesiones. Si la cliente está menos comprometida, se pueden utilizar estrategias de entrevista motivacional para tratar estas cuestiones (véanse Miller y Rollnick, 1991; Rollnick y Miller, 1995).

Acordar tareas (5 minutos)

- Hoja de elaboración de una imagen positiva (S11B, página 206).
- Objetivos de cambio (S5, página 179).

Explicamos a la cliente que el terapeuta le escribirá una carta de despedida. Dicha carta incluirá un resumen de sus logros, las dificultades que han tenido durante el tratamiento y cualquier otro trabajo que haya que hacer.

Entre sesiones

Escribimos una carta a nuestra cliente (véase la plantilla en el Apéndice 4, página 209). El objetivo de esta carta es validar lo que ella ha logrado y reconocer los puntos fuertes y los débiles de su progreso.

TRABAJO ADICIONAL OPCIONAL SOBRE «AUTOVALORACIÓN E INVERSIÓN EN IMAGEN CORPORAL»

Examinamos el modelo de trastorno de la imagen corporal (véase el Apéndice 1) y la formulación personal de la cliente. Reflexionamos sobre qué ha sacado de positivo de su trastorno alimentario y su búsqueda de una imagen corporal ideal.

«¿Piensas que luchar por tu imagen corporal ideal y en cierto modo alcanzarla ha cambiado tu sentimiento de baja autovaloración?».

Ilustramos de qué modo se mantiene una baja autovaloración y cómo uno trata de compensarla, recurriendo a la metáfora de una cuenta bancaria:

En una cuenta bancaria tenemos débitos y créditos. Los débitos son el dinero que debemos (déficits) y los créditos son el dinero que poseemos (bienes o recursos). Al igual que una cuenta del banco, nuestra autovaloración puede subir y bajar, dependiendo de si nos acaban de pagar o de si nos llegan recibos.

Las personas con una baja autovaloración tienen en cuenta sólo las cosas malas en vez de las cosas buenas. ¿Por qué crees que esto puede ocurrir? (Las cosas buenas no encajan con las creencias que tenemos sobre nosotros mismos, de modo que no las creemos: las excluimos). Por ejemplo, si alguien te dijo «¡hoy estás espectacular!», es bastante probable que tal vez pienses que mentía o que tan sólo lo decía para hacerte sentir mejor. Sin embargo, si alguien te dijo: «No sé si me gusta cómo tienes el pelo», seguramente tendrás en cuenta este comentario y tu autovaloración bajaría un poco más.

Las personas con baja autovaloración podrían tratar de compensarla canalizando toda su energía hacia un ámbito de su vida; por ejemplo, el trabajo o el aspecto. ¿Cuál sería el posible beneficio de hacer esto?

(A ellos les va realmente bien en el trabajo, siempre van muy arreglados).

¿Hay algún problema en hacer esto?

(No soluciona el problema de la baja autovaloración y te deja vulnerable, pues si algo amenaza ese ámbito —por ejemplo, ganar peso, que te consideren para un ascenso—, todo puede venirse abajo. Es como poner todos los huevos en una sola cesta).

¡A la gente siempre se le aconseja que «diversifique sus inversiones»! Para «diversificar nuestras inversiones»:

- Explorar los pros y los contras de basar la autovaloración en la figura y el peso y explorar sus consecuencias.
- Desafiar las ideas socioculturales; por ejemplo, la creencia de que la delgadez equivale a éxito.
- Desarrollar una relación con el cuerpo que tienes en vez de esforzarte por alcanzar el ideal.
- Pensamientos y creencias estimulantes; por ejemplo, «Yo soy más que un número. Tengo más cosas de las que sentirme orgullosa. No quiero que los números determinen mis sentimientos».

Pedimos a la cliente que repita un SAWB (ésta es una medida muy rápida). Exploramos las formas que la cliente busca para definir su autovaloración.

- ¿Cuáles son las consecuencias de tener sólo uno o dos ámbitos de autovaloración?
- ¿Qué otras maneras encuentran los hombres o las mujeres para compensar su autovaloración?
- ¿Hay algún problema con estas formas de tratar de compensar la baja autovaloración (agradar a las personas, etcétera)?

Validamos cómo, dada nuestra cultura, es comprensible que deban pensar que «ellas son su cuerpo»: que su valor personal se reduce a su atractivo físico o su tamaño corporal. ¿Definirían el valor de otra persona de esta forma? ¿Debería haber una serie de reglas para los otros y otra diferente para ellas? Reflexionamos sobre lo que implica definir su identidad y su autovaloración por medio de su imagen corporal.

Pedimos a la cliente que haga comentarios sobre su identidad y su valor personal desde un punto de vista consciente. ¿Cuáles son sus talentos y cualidades? ¿Qué otras cosas adicionales dan sentido a su vida? ¿Qué otros valores tiene en la vida?

Tareas

- Imagina que vas a escribir un anuncio sobre ti misma. ¿Qué aspectos de ti promocionarías? No menciones la belleza, la figura o el tamaño corporal. Por favor escríbelo y tráelo la próxima semana.
- Completa la revisión de la autovaloración y el proyecto de desarrollo (página 201).

TRABAJO ADICIONAL OPCIONAL SOBRE LA «COMPASIÓN/COMPRENSIÓN»

El objetivo de este apartado es ayudar a desarrollar una orientación más afectuosa y de mayor aceptación de una misma, aumentando la empatía con el propio malestar y la preocupación por el bienestar. Es para esas clientes cuya «crítica interna» sigue siendo dominante y sabotea sus intentos de ser no enjuiciadoras (véase Gilbert, 2005). Hemos visto que es útil en el caso de personas con altos niveles de vergüenza o desagrado corporal: es decir, las que tienen graves trastornos alimentarios (anorexia nerviosa prolongada o severa) o una historia de trauma por violación física. El objetivo es ayudar a las clientes a que sean compasivas consigo mismas, INCONDICIONALMENTE, al margen de si están alcanzando los estándares que se propusieron o no. Una sesión introductoria sería del siguiente modo:

Bienvenida y breve atención plena (5 minutos)
Revisión de progreso y tareas (5 minutos)

Compasión (15 minutos)

Explicamos cuál es la razón fundamental de este elemento del tratamiento. La crítica interior hostil, carente de compasión y de cuidado hacia una misma, está activa dentro de la cliente y se ha desarrollado en exceso. (Se podrían mencionar los orígenes del trauma, pero debemos centrarnos más en los procesos que lo mantienen; es decir, la experiencia presente de la persona). Validamos el papel de esta «crítica interior». ¿En qué le ha servido? Es posible que la autocrítica le haya sido beneficiosa, pues tal vez le haya impulsado o le haya protegido de ser vulnerable en las relaciones con los demás, o sencillamente que en el pasado en vez de atacar a otros fuese más fácil atacarse a sí misma. Explicamos cómo la crítica interior y la autoinculpación se desarrollan como una consecuencia no pretendida de su estrategia defensiva y está «programada». Nuestro cerebro ha evolucionado para protegernos. Las respuestas a la amenaza se han establecido a través de la evolución y estamos biológicamente programados para sobreestimar dicha amenaza y protegernos de ella a cualquier coste. Éste es el principio de «más vale prevenir que curar». Esas respuestas incluyen ira, ansiedad o huida y son involuntarias y rápidas. Pueden conducir al aplacamiento o la sumisión.

Dar y leer el folleto

Explorar las ideas que tiene la cliente sobre la compasión: ¿Qué es? Tormenta de ideas.

> «¿Con qué aspecto visualizas la compasión? ¿Tienes alguna imagen en particular; por ejemplo, Buda, Jesús, tu abuela?».

Ejercicio de compasión (20 minutos)

Para hacerlo en conciencia plena con los ojos cerrados.

> «Quiero que visualices a un ser por el que sientas compasión».

(Debería tratarse de un «ser» con quien la cliente tenga una relación simple; por ejemplo, una mascota o un niño de su familia que le inspiren amor, pero no alguien que haya muerto hace poco).

> «Concéntrate en los pensamientos y los sentimientos que genera en ti: cómo sientes tu cuerpo, los latidos de tu corazón, etc. Manteniendo estos pensamientos y sentimientos, ¿puedes visualizar una imagen que represente este amor y esta compasión, por ejemplo una brillante luz blanca que contiene y encarna el amor, el cariño y la compasión que sientes hacia [...]?».

Pedimos a la cliente que nos indique qué ha decidido con respecto a la imagen y que nos diga qué es. Si esto le resulta difícil, le sugerimos una frase que pueda repetir, como

> «Que [...] esté bien. Que [...] esté en paz».

Luego decimos a la cliente que se ponga o se incluya a sí misma en la imagen; por ejemplo, rodeada de una luz blanca.

> «Ahora quiero que te visualices en el centro de esta luz blanca. Quiero que transfieras a ti misma esa sensación de amor y compasión y que experimentes lo que se siente. Te estás dando aceptación y compasión completas».

Si la cliente no tiene una imagen, entonces le pedimos que se diga a sí misma:

> «Puedo estar bien [...] Puedo estar en paz».

Acordar tareas (5 minutos)

- Practicar el ejercicio de imágenes de la compasión: a diario a ser posible.
- Encontrar y empezar a usar un símbolo de la compasión; preferiblemente, uno que se pueda tener en la mano o si no que se pueda contemplar.

Explicamos que únicamente será posible tratar su «crítica interior» cuando haya afianzado esta capacidad de ser compasiva consigo misma. ¿Está dispuesta a ir más allá de la autoinculpación y el odio a sí misma? ¿Qué es lo que hay que soltar para hacer eso?

Revisión en la sesión siguiente

¿Cómo ha ido esta práctica? ¿Halló un símbolo? ¿Qué sensación le produce? ¿Se siente preparada para empezar a invocar su imagen de compasión en respuesta a su «crítica interior»?

Hablamos de la aplicación de una mente compasiva a sus problemas y recomendamos uno de los libros que se basan en las técnicas del programa: *Emotional Alchemy* [*Alquimia emocional*] de Tara Bennett-Goleman (un libro de autoayuda que trata los esquemas cognitivos utilizando la atención plena) o *When Things Fall Apart* [*Cuando todo se desmorona*] de Pema Chodron, que es particularmente útil cuando las personas atraviesan serias crisis vitales.

A medida que nuestra cliente se sienta capaz de ser más compasiva y esté dispuesta a intentar acceder a otros estados de ánimo con respecto a su cuerpo, podemos aplicar la compasión a su relación con él; por ejemplo, practicando caricias o masaje con loción corporal en zonas del cuerpo con las que ha sido muy crítica y enjuiciadora, y cultivando una actitud cuidadosa mientras lo hace. También empleamos aquí el principio de la inhibición recíproca, según se desarrolló en la primera ola de la TCC (Wolpe, 1958).

SESIÓN 12: PLAN DE CONTINUACIÓN

Objetivos clave:
- Revisar qué progresos se han hecho con la compasión si los ha habido.
- Compartir la carta del terapeuta donde se resume el progreso del tratamiento.
- Elaborar un plan de continuación para el futuro.

Bienvenida y breve atención plena (5 minutos)

Revisión (5 minutos)

- Atención plena.
- Postura no enjuiciadora.
- Objetivos de la exposición.

Compartir el resumen del progreso por medio de una carta (5-10 minutos)

Damos la carta del terapeuta a la cliente. Trabajamos en colaboración con la cliente.

«¿Crees que esta carta parece un buen resumen? ¿Cómo crees que te ha ido con el programa?».

Plan de continuación (10 minutos)

«Sabemos por el estudio piloto de este programa que si continúas utilizando las técnicas que hasta ahora has desarrollado, habrá una significativa mejoría en tu imagen corporal. ¿Cómo quieres seguir llevando adelante lo que has aprendido, teniendo esto en cuenta?».

Utilizamos el folleto del Plan de Continuación (S12, página 207). Planificamos la forma de proseguir manejando todas las técnicas fundamentales para el programa.

«¿Qué te reforzará y te ayudará a continuar con este trabajo? (por ejemplo, el apoyo de otros con quienes celebrar los éxitos, el registro semanal de logros en autocontrol, la ayuda del terapeuta a través del correo electrónico). ¿Qué podría sabotear o interponerse en la consecución de tus metas? ¿Cómo podrías minimizar ese riesgo o abordar eso si ocurre?».

Tendremos que trabajar de forma creativa con la cliente para fijar metas concretas.

Planificación de crisis y prevención de recaída

«¿Qué podría ocurrir o volver a suceder que pudiera confundirte o reactivar sentimientos negativos de la imagen corporal y viejos hábitos? Con ellos, haz una lista y discute lo que puedes hacer para a) tratar de impedir que sucedan, y b) tratarlos si eso ocurre. ¿Qué te ayudará a controlar dichos retrocesos y ponerte de nuevo en camino?».

Elaborar una imagen corporal más positiva (5-10 minutos)

Explicamos que es necesario crear nuevas relaciones con nuestro cuerpo, y esto, también, significará que tenemos que establecer metas e invertir tiempo y compromiso. Discutimos la hoja de «Elaborar una imagen corporal más positiva» (véase S11B, página 206).

Hablamos con nuestra cliente y la animamos a considerar la posibilidad de practicar experiencias físicas positivas; por ejemplo, yoga o pilates, masaje, dar paseos. (Estas prácticas corporales también pueden realizarse en «atención plena»).

Si la cliente tiene una fuerte crítica interior, hablamos de cómo sería consigo misma si pudiese ser más compasiva. Le preguntamos si está preparada o dispuesta a tratarse de forma más amable (es decir, concretamos objetivos en este ámbito).

Repetir los cuestionarios (10 minutos)

Administramos medidas de repetición (para puntuarlas tras la sesión).

Acordar tareas (5 minutos)

- Poner en acción el plan de continuación.
- Fijar la revisión a las seis semanas.

REVISIÓN A LAS SEIS SEMANAS

Bienvenida y breve atención plena (5 minutos)

Cuestionarios (10 minutos)

Administramos y repetimos medidas (para puntuarlas tras la sesión).

Revisión del plan de continuación (35 minutos)

- Revisar el plan de continuación y los objetivos. ¿Se han alcanzado dichos objetivos?
- ¿Qué grado de aceptación de su cuerpo tiene ahora la persona (postura no enjuiciadora)?
- ¿Ha continuado la práctica de todos los elementos del tratamiento: atención plena, exposición (enfrentarse a cosas), prevención de la respuesta (abandonar viejos hábitos)?
- Reflexionar sobre lo que la cliente ha encontrado especialmente útil del programa.
- ¿Qué le ha planteado más dificultad? Validación y solución de problemas.
- ¿Cuál es el logro del que está más orgullosa? Validar su logro.
- ¿Dónde cree que tiene que centrar sus esfuerzos para seguir mejorando su imagen corporal?
- Mantener un equilibrio entre la respuesta positiva y las expectativas realistas, e impulsar un compromiso para nuevos «trabajos».

APÉNDICE 1

UN MODELO PSICO-BIOSOCIAL DEL TRASTORNO DE LA IMAGEN CORPORAL Y LOS TRASTORNOS ALIMENTARIOS

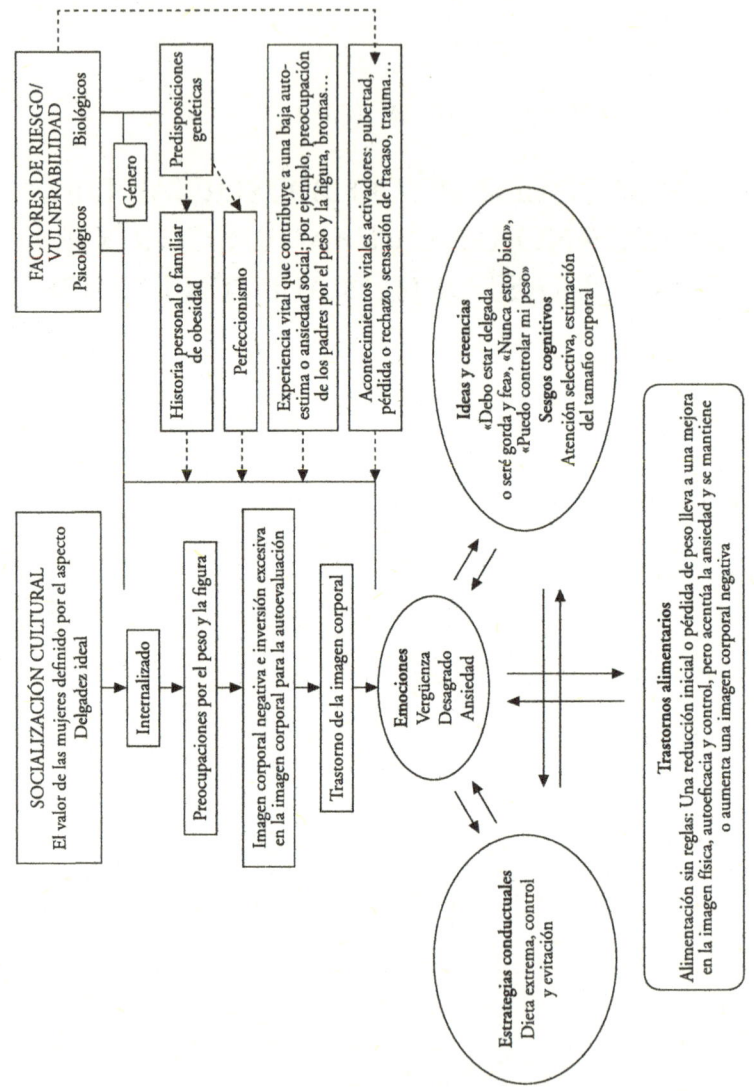

APÉNDICE 2

CÓMO ME SIENTO RESPECTO A MI CUERPO
(ESCALA DE SERIE CONTINUA DE LA IMAGEN CORPORAL)

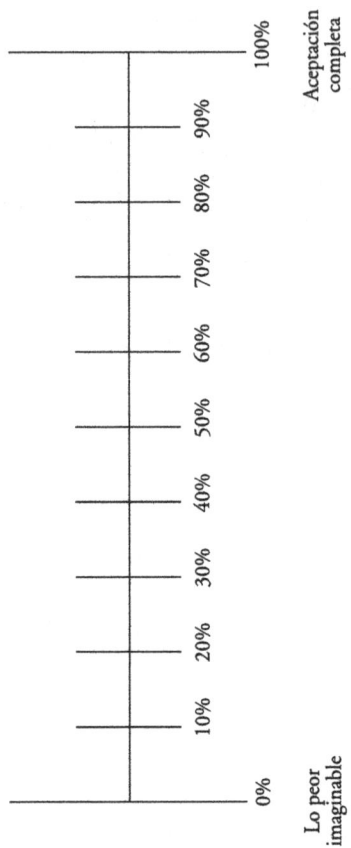

APÉNDICE 3

FOLLETOS

S1A Introducción al programa.
S1B Cómo manejo actualmente las preocupaciones por mi imagen corporal.
S1C Línea temporal: Experiencias que contribuyen a cómo me siento acerca de mi cuerpo.
S2A De qué modo se han desarrollado y mantenido mis problemas de imagen corporal (versión del terapeuta).
S2B De qué modo se han desarrollado y mantenido mis problemas de imagen corporal (versión de la cliente).
S2C Cómo se mantienen mis preocupaciones por la imagen corporal.

S2D Examen de la imagen corporal y diario de la evitación.
S3   Atención plena (*mindfulness*).
S4   Diario II: Controlar el cambio.
S5   Aceptar la imagen corporal: objetivos para el cambio.
S6A Diario de la postura no enjuiciadora.
S6B Línea de la postura no enjuiciadora.
S7A Reflexiones sobre los medios de comunicación.
S7B Pautas de pensamiento inútiles habituales en la postura enjuiciadora.
S8   Tratamiento de la exposición.
S11A Examen de la imagen corporal.

Opcional:
Autovaloración y plan de desarrollo
Desarrollar compasión por uno mismo.
S11B Formar una imagen corporal más positiva.
S12 Imagen corporal: Plan de continuación.

S1A INTRODUCCIÓN AL PROGRAMA

La imagen corporal es un problema fundamental para las personas con trastornos alimentarios, y en tanto ésta no mejore, dichas personas corren el riesgo de sufrir una recaída. Cambiar nuestra imagen corporal no es fácil y una razón para ello es que hay diversos hábitos que las personas desarrollamos para tratar de controlar nuestros sentimientos negativos, pero que a largo plazo en realidad *mantienen* la imagen corporal negativa.

Este programa está dirigido a ayudar a personas con una imagen corporal negativa que tienen un trastorno alimentario o se están recuperando de él. Su duración es de un mínimo de doce sesiones. El objetivo del programa es ayudaros a:

- *Comprender* lo que es la imagen corporal, cómo hemos desarrollado una imagen corporal negativa y qué hábitos la mantienen.
- *Aprender* técnicas para aceptar y hacernos amigos de nuestro cuerpo.
- *Cambiar* la forma en que manejamos los sentimientos y las evaluaciones negativas sobre nuestro cuerpo.

Éste es un tratamiento activo que requiere cambiar la manera en que manejamos los sentimientos relativos a nuestro cuerpo. También implica unas tareas diarias. Es poco probable que obtengáis beneficios si no lleváis a cabo los ejercicios que os recomendamos. Comprendemos que esto puede no resultaros fácil, pero también sabemos por las investigaciones y la experiencia que realizar ciertos cambios y practicar unas técnicas es fundamental para mejorar nuestra imagen corporal. Por esta razón, se explicará el tratamiento cuidadosamente y se os pedirá que asumáis un compromiso. Para participar en él de manera eficaz, será necesario:

- estar dispuestos a *experimentar* el cambio;
- *practicar* ejercicios diarios.

Esquema del programa

Sesión 1: Evaluación.
Sesión 2: Comentario de las puntuaciones psicométricas y formulación personalizada.
Sesión 3: Atención plena 1.
Sesión 4: Atención plena 2.
Sesión 5: Cambiar hábitos inútiles.
Sesión 6: Postura no enjuiciadora.
Sesión 7: Los medios de comunicación.
Sesión 8: Preparación para la exposición.
Sesión 9: Exposición frente al espejo 1.
Sesión 10: Exposición frente al espejo 2.
Sesión 11: Revisión, consolidación del cambio y localización de problemas.
Sesión 12: Plan de continuación (cuestionarios). Revisión a las seis semanas (cuestionarios).

Imagen corporal y trastornos alimentarios

La imagen corporal puede definirse como la visión que alguien tiene en mente sobre el aspecto (es decir, el tamaño y la figura) de su cuerpo, y la actitud que esa persona adopta hacia sus propias características físicas. Así hay tres componentes de la imagen corporal; la parte *perceptiva*, o el modo en que alguien ve su cuerpo; la parte *actitudinal*, cómo se siente alguien respecto a la idea que tiene de su aspecto (Gardner, 1996), y la parte *conductual*, el modo en que estas percepciones y actitudes influyen en la conducta de dicha persona. Una imagen corporal negativa puede manifestarse desde ligeros sentimientos de ausencia de atractivo hasta una obsesión extrema por el aspecto físico que impide un funcionamiento normal (Rosen, 1995).

La insatisfacción con el propio cuerpo es un criterio diagnóstico para los trastornos alimentarios. Una imagen corporal negativa se asocia con la anorexia nerviosa y la bulimia nerviosa. Los pacientes con trastorno de ingesta compulsiva también informan de significativos niveles de malestar respecto a su imagen corporal (Rosen, 1995).

Muchas personas con trastornos alimentarios que logran cambiar su conducta siguen luchando con una imagen corporal negativa. Las personas con una severa alteración de la imagen corporal tienen menos probabilidad de recuperarse de su trastorno alimentario o una mayor probabilidad de experimentar una recaída (Ben-Tovim et al., 2001; Keel et al., 1999). Para muchas mujeres, superar el deseo de estar delgadas es la parte más difícil de la recuperación. Por consiguiente, es importante que abordemos nuestra imagen corporal negativa (Rosen, 1995).

S1B CÓMO MANEJO ACTUALMENTE LAS PREOCUPACIONES POR MI IMAGEN CORPORAL

1. ¿Cómo resumirías los pensamientos y los sentimientos que ahora tienes sobre tu cuerpo?
   ....
   ....
   ....
   ....

2. ¿Cómo manejas actualmente estos pensamientos y sentimientos? Por favor da detalles completos.
   ....
   ....
   ....
   ....

3. ¿Cómo te ayuda esto a manejar tus pensamientos y sentimientos?
   ....
   ....
   ....
   ....

4. ¿Qué costes tienen para ti tus estrategias actuales?
   ....
   ....
   ....
   ....

APÉNDICE 3

LÍNEA TEMPORAL:
EXPERIENCIAS QUE CONTRIBUYEN A CÓMO ME SIENTO ACERCA DE MI CUERPO

	Cambios en la imagen corporal y preocupaciones	*Familia*	*Compañeros: Colegio/instituto/ universidad/trabajo*	*Experiencias sexuales y relaciones*	*Otros*
0-12 años					
12-18 años					
18-21 años					
> 21 años					
Últimos 6-12 meses					

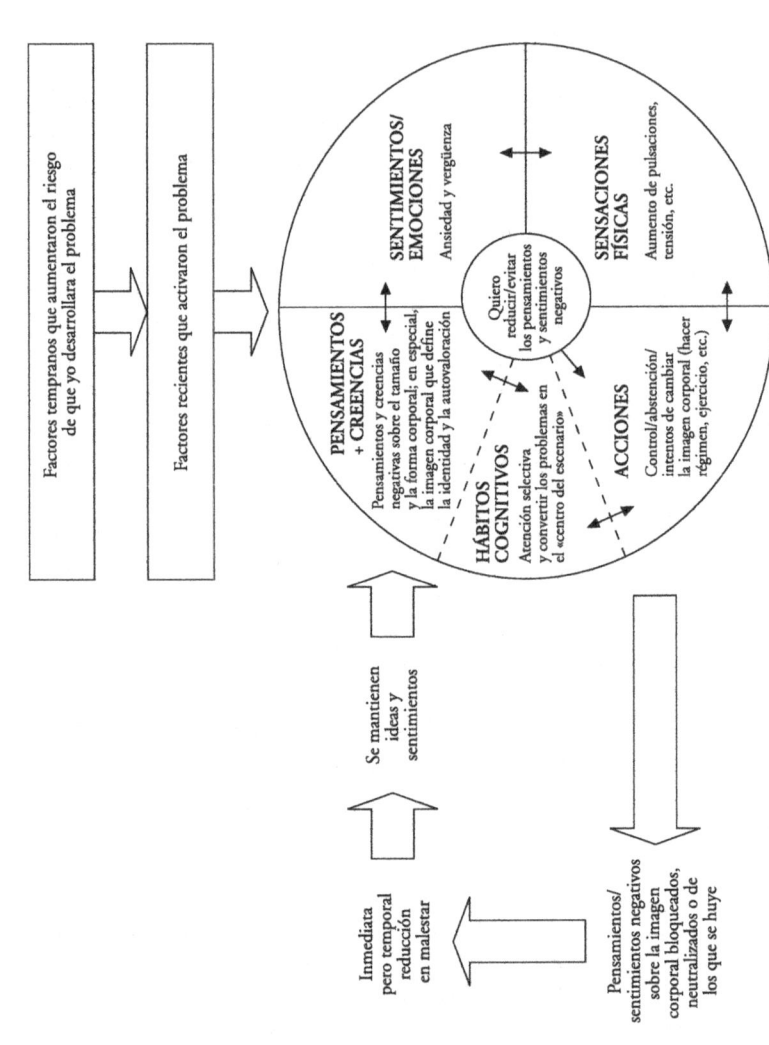

APÉNDICE 3

CÓMO SE HAN DESARROLLADO Y MANTENIDO
MIS PROBLEMAS DE IMAGEN (VERSIÓN DE LA CLIENTE)

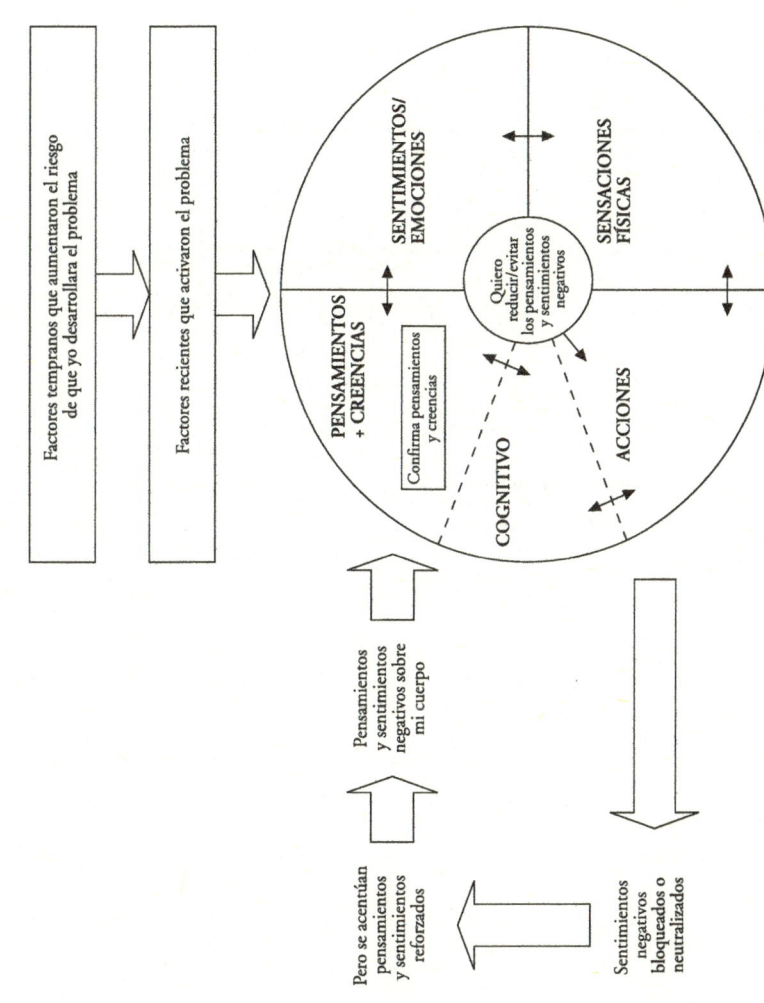

S2C CÓMO SE MANTIENEN LOS PROBLEMAS DE MI IMAGEN CORPORAL

Factores que contribuyen
p. ej. _____
_____
_____

⬇

Aumento de preocupaciones negativas sobre la imagen corporal

⬇

Atención selectiva a partes del cuerpo que no gustan/centrándose en lo negativo/comparándose con otros o con un modelo ideal
p. ej. _____
_____

⬇

Pensamientos y creencias negativas
p. ej. _____
_____

⬇

Conducta examinadora
p. ej. _____
_____

Estrategias para evitar o neutralizar estos sentimientos
p. ej. _____
_____

⬆

Reducción inicial temporal en ansiedad

⬆

Imagen corporal negativa, su relevancia y preocupación se refuerzan o mantienen

⬆

S2D EXAMEN DE LA IMAGEN CORPORAL Y DIARIO DE EVITACIÓN

Por favor, reflexiona, a lo largo del día, en cualquier acción de la que eres consciente que está relacionada con las preocupaciones que te produce tu imagen corporal. Es probable que incluya comportamientos que:

- implican evitar sentimientos incómodos (por ejemplo, tal vez procures no llevar determinada ropa), o
- te sientes impulsada a llevar a cabo debido a la ansiedad (tal vez examines de forma compulsiva tu tamaño o peso corporales).

Es posible que lo hagas por costumbre o a veces se desencadenan por pensamientos, sentimientos o sensaciones concretas.

Día y hora	Pensamientos/sentimientos/sensaciones	Conducta/acción
Ejemplo: Sáb. 18:00	Porque me siento gorda, me preocupa verme grande en la fotografía	No he dejado que me saquen la foto

S3 ATENCIÓN PLENA

¿Qué es la atención plena (mindfulness)?

- La palabra *mindfulness* en inglés significa conciencia. Atención plena es hacerse totalmente consciente de cada momento y del modo en que lo experimentamos. Se puede definir como una presencia atenta e implica la disposición a recibir cualquier cosa que experimentemos, ya la veamos como positiva o negativa.
- La atención plena procede de la meditación, que se practica en varias tradiciones espirituales. Aunque forma parte de las tradiciones religiosas orientales, es posible ejercitarla al margen de nuestra formación religiosa.
- Practicar la atención plena favorece el bienestar y la robustez psicológica.
- La atención plena ahora se utiliza generalmente en el tratamiento del dolor físico crónico y en programas de control del estrés, y cada vez se emplea más en el tratamiento de los trastornos emocionales.
- La atención plena es una cualidad o estado mental que es natural pero que hay que cultivar por medio de la práctica. Como con cualquier técnica, se debe practicar de forma habitual para apreciar de manera completa sus beneficios.

Técnicas de atención plena

En la práctica de la atención plena se utilizan varias técnicas fundamentales que podemos llamar técnicas de «qué» y «cómo» (Linehan, 1993).

- Las técnicas «Qué» de la atención plena:

1. *Observar*

    «Simplemente nos damos cuenta de la experiencia»

    - Observar requiere que prestemos total atención a un suceso o una emoción.
    - Observar es percibir y darse cuenta de una experiencia sin calificarla o juzgarla.
    - En vez de poner fin a una situación o a una experiencia si se vuelve desagradable, observar es reparar en ese sentimiento. Es permitirnos experimentar cualquier cosa que suceda, y ser totalmente conscientes del mundo que nos rodea.

    Ejercicio:
    Entra en ti misma y observa. Imagina que tu mente es el cielo y que los pensamientos, las sensaciones y/o los sentimientos son nubes. Observa el ir y venir de tus pensamientos. Date cuenta del lento pasar de cada nube a la deriva. Sé la observadora.

2. *Describir*

    - Describir es emplear palabras para representar lo que hemos observado y reconocer cuándo surge un sentimiento o un pensamiento.

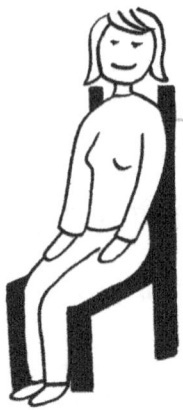

- Es expresar una experiencia en palabras y describirnos a nosotros mismos lo que está sucediendo.
- Cuando se describe es útil distinguir entre la realidad objetiva y las evaluaciones subjetivas o juicios.

Por ejemplo
Estás en una situación que te resulta incómoda y no sabes qué hacer. En vez de pensar «No puedo hacerlo» y creer que eso es verdad, si estuvieras describiendo de forma precisa te limitarías a decir: «El pensamiento de "No puedo hacerlo" me ha venido a la mente».

El simple hecho de describir un pensamiento puede hacer que sea menos poderoso, pues dejamos de considerar los pensamientos como verdades incuestionables y en su lugar los vemos como cosas para observar.

Ejercicio
Siéntate sola tranquilamente, con un guijarro en la mano (puede ser de ayuda que cierres los ojos). Observa sensaciones como la suavidad o la frialdad del guijarro y la de su peso en la palma de tu mano. Describe en silencio lo que estás percibiendo. Presta atención a cualquier juicio que puedas hacer; por ejemplo, si es agradable o desagradable.

3. *Participar*

- Participar es entrar en nuestras experiencias y dejarnos implicar en el momento en vez de evitar, reprimir o tratar de huir de los sentimientos desagradables.
- Tal vez te hayas sentido capaz de hacer esto en estados de ánimo positivos, como cuando estás bailando, jugando o siendo creativa, pero forma parte de la naturaleza humana aturdirse, querer escapar o evitar los estados desagradables.

Por ejemplo:
Un ejemplo de la importancia de participar se puede ver cuando las personas viven una experiencia de duelo. Todos nosotros experimentamos pérdidas en algunos momentos de nuestra vida; en especial, la desaparición de un ser querido. Las evidencias demuestran que quienes se permiten lamentarse (y participar así en el sentimiento de dolor) se recuperan del duelo con más rapidez que quienes evitan o reprimen la pena.

Ejercicio
Cuando te encuentras en una situación que es irritante o frustrante —por ejemplo, atrapado en un atasco de tráfico o sufriendo un retraso en un transporte público—, tal vez tengas impulsos de luchar contra la situación o desearías que fuese diferente.

Oponerse a cómo son las cosas suele agravar el problema; en lugar de ello, trata de aceptar y participar voluntariamente en la experiencia.

- Las técnicas «Cómo» de la atención plena:

Estas técnicas tienen que ver con *cómo* observamos, describimos y participamos.

4. Postura no enjuiciadora

- Tener una postura no enjuiciadora implica atender, describir o participar sin emitir juicios, observando pero no evaluando y centrándose en la realidad de cómo son las cosas en vez de en las ideas, las opiniones o las evaluaciones.
- ¡Aunque te descubras enjuiciando, no juzgues tu juicio!

Por ejemplo

Enjuiciamiento	frente a	*No enjuiciamiento*
Soy estúpida		No entiendo esta información
Estoy gorda		No estoy contenta con mi aspecto
Soy patética		Me siento triste por lo que ha dicho mi amiga

Ejercicio

¿Te has observado a ti misma haciendo algún juicio como éste?

Anota tus ejemplos aquí.

....
....

¿Qué serían pensamientos o puntos de vistas alternativos no enjuiciadores?

....
....

5. Tener «unidad mental»

- Fundamentalmente, esto significa centrarse sólo en una cosa cada vez. Cuando estés comiendo, come. Cuando estés planificando, planifica. Haz cada cosa con toda tu atención y si alguna acción o pensamiento te distrae, apártate de ellos y vuelve a centrarte en lo que estás haciendo.

Por ejemplo
A menudo, nuestra mente está en más de un sitio; tal vez estés sentada en esta sesión mientras al mismo tiempo te preocupa algo que sucederá mañana, o conduciendo mientras piensas en lo que ha ocurrido en el trabajo. Para practicar la unidad mental, la próxima vez que conduzcas, procura concentrarte sólo en la conducción. Si descubres que tus pensamientos divagan, concéntralos de nuevo en la conducción: ¡pero no te recrimines por ello! Ser plenamente consciente requiere práctica.

Ejercicio
La próxima vez que tomes una bebida, bébela con atención plena. Dedícale unos minutos a darle el cien por cien de tu atención a la experiencia de beber, en vez de beber mientras haces otras cosas como hablar, trabajar o ver la televisión.

6. *Ser eficaz*

- Esto implica centrarse en lo que funciona y en lo que hay que hacer en una situación, en vez de en aquello que uno cree que *debería* hacerse o cuál es la respuesta correcta o incorrecta.
- Actúa con la mayor habilidad que puedas, realizando lo que requiere la situación en la que estás realmente, no en la que desearías estar.
- Trata de apartar de ti la rabia o el deseo de venganza que te hace daño y no sirve de nada.

Por ejemplo
Intentas que te devuelvan el dinero en una tienda por unos artículos defectuosos, y la dependienta no está resultando de ayuda. Te sientes contrariada y enfadada. Como intentas ser eficaz, decides no enfadarte porque estás centrada en tu objetivo de hacer que te devuelvan el dinero. Eliges ser cortés y mantener la calma, pues es más probable que esto ponga a la dependienta de tu parte. *Esto requiere atención reflexiva a tus emociones y conciencia de tus objetivos.*

Ejercicio
Piensa en una ocasión reciente en que estuviste irritada o frustrada y en la que podías haber manejado la situación con mayor eficacia. ¿Qué opciones hubieras podido tomar que podrían haberte ayudado a lograr un resultado mejor?

Práctica de atención plena básica

¡Esta práctica es SENCILLA, pero no FÁCIL!

1. Busca un lugar tranquilo. Minimiza la probabilidad de que te molesten o interrumpan. ¡Desconecta tu teléfono móvil!
2. Siéntate cómodamente, con la espalda derecha y el pecho dilatado. Baja la barbilla un poco para no tensar el cuello. Procura estar tranquila.
3. Cierra los ojos. (Si te sientes muy incómoda con los ojos cerrados o te entra sueño, entonces déjalos abiertos pero mantén la mirada baja y céntrate en lo que hay delante de ti).
4. Dirige la atención a tu respiración. Céntrate en el paso del aire que entra y sale por tus narices u observa el movimiento de tu pecho al expandirse los pulmones con el aire; luego, exhala.
5. Cuando surjan pensamientos, emociones, sensaciones físicas o sonidos externos, simplemente obsérvalos, permitiéndoles ir y venir sin juzgarlos ni implicarte en ellos.
6. Cuando notes que tu atención se ha desviado y se ocupa de pensamientos o emociones, simplemente vuelve a ponerla en tu respiración y continúa. *Si estás muy distraída* intenta decir «dentro» y «fuera» mientras respiras. También puedes contar: dentro – 1, fuera – 2, dentro – 1, fuera – 2.

Tendrás que hacer esto todos los días durante un mínimo de cinco a diez minutos. Es útil comenzar tu práctica en un entorno que sirva de apoyo; es decir, preferiblemente tranquilo y solitario y con la mínima posibilidad de que te molesten (¡desconecta el teléfono móvil!). Para establecer un hábito regular, también es útil hacerlo a determinada hora del día. Tal vez sea más sencillo si lo relacionas con otra conducta de rutina; por ejemplo, antes o después de una comida. Sin embargo, ¡es importante estar alerta! ¡No estamos practicando tener una plena conciencia del sueño!

S4 DIARIO II: CONTROLAR EL CAMBIO

Por favor, continúa controlando tus acciones y hábitos en relación con tu imagen corporal negativa. Trata de advertir *el impulso de hacer algo antes de que lo hagas*. Por favor toma nota de si actúas con el impulso o resistes a él. Si consigues resistirlo, qué técnicas empleaste; por ejemplo, la atención plena, la determinación, la postura no enjuiciadora, la distracción, la aceptación radical.

Día y hora	Pensamientos/ sentimientos/ sensaciones	Impulso	Actuado según el impulso (marcar)	Impulso resistido (marcar y luego señalar qué técnicas empleaste)
(Ejemplo) Sáb. 18:00	Al sentirme gorda me preocupa salir grande en la fotografía	Evitar que me saquen la fotografía		Intenté ser menos enjuiciadora

S5 ACEPTAR LA IMAGEN CORPORAL: OBJETIVOS DE CAMBIO

Échale otro vistazo a tus folletos S1B y S2D ya completados. Piensa cuál de estos hábitos o conductas te resultaría más fácil empezar a cambiar. Utilizando la tabla de debajo, haz una lista, si es posible, de las alternativas positivas al hábito. Es útil escribirlas en el orden que decidas abordarlas. Por ejemplo, si nunca llevas colores vivos, tu objetivo sería llevarlos y puedes hacer que tu meta sea llevar un color vivo cada día (es decir, rojo, naranja, verde, amarillo) durante los diez días siguientes.

Objetivos generales	Metas específicas

Decisión

Sugerimos que abordes al menos dos ámbitos a la vez cada semana a lo largo del programa. Asimismo, te recomendamos que practiques con la mayor frecuencia posible.

Objetivos futuros

Por favor, piensa en objetivos concretos para los otros ámbitos que tendrás que abordar. Una vez que hayas elaborado una lista tan completa como te sea posible, piensa en lo que puedes lograr de forma realista en el tiempo que dura el programa. ¿Cuántos ámbitos estás dispuesta a tratar de abordar en las siete semanas restantes? Negocia esto con tu terapeuta y revísalo de manera periódica haciendo referencia a esta lista. Cuando sientas que puedes mantener el cambio, marca en la lista los objetivos que has alcanzado. ¡También es posible que tengas que añadirle cosas!

A muchas personas les resulta útil llevar un registro de sus logros. Tú también puedes tomar nota de cualquier dificultad que experimentes y comentarla con tu terapeuta.

S6A DIARIO DE LA POSTURA NO ENJUICIADORA

Situación	Pensamiento enjuiciador	Postura no enjuiciadora (utiliza «observar» y «describir»)

S6B LÍNEA DE LA POSTURA NO ENJUICIADORA

S7A REFLEXIONES SOBRE LOS MEDIOS DE COMUNICACIÓN

Muchas personas, especialmente los jóvenes, pasan una cantidad de tiempo bastante considerable a la semana viendo la televisión y/o leyendo revistas. Esto significa que están expuestas de forma constante a imágenes de mujeres delgadas a las que se presenta como ejemplo de atractivo y éxito. Recapacita sobre las preguntas siguientes:

1. ¿Cuántas horas de media a la semana pasas viendo la televisión o películas?
   ....
   ....

2. ¿Qué sentimientos experimentas sobre ti misma cuando ves ciertas imágenes en televisión o en el cine?
   ....
   ....

3. ¿Cómo crees que ha podido influir esto en tu imagen corporal?
   ....
   ....

4. ¿Qué revistas compras?
   ....
   ....

5. ¿Con qué frecuencia compras o lees revistas?
   ....
   ....

6. ¿Cómo te sientes después de leer estas revistas?
   ....
   ....

7. ¿Crees que esto contribuye de alguna forma a tu imagen corporal negativa?
   ....
   ....

S7B PAUTAS DE PENSAMIENTO INÚTILES HABITUALES EN LA POSTURA ENJUICIADORA

Todos somos a veces proclives a pautas de pensamiento que tienden a mantener estados emocionales, pensamientos y creencias negativas. Cuando estamos cansados, estresados o con el ánimo más bajo, estas pautas se exageran más. A menudo son difíciles de ver porque, con la repetición, se vuelven automáticas. Se ha comprobado que las pautas de pensamiento siguientes contribuyen a y mantienen una gran variedad de problemas de salud mental. Es posible que todas ellas tengan relevancia en los problemas de las personas con trastorno de la imagen corporal.

Pensamiento de blanco o negro/todo o nada

El pensamiento de «todo o nada» significa pensar en valores absolutos, como si las cosas fuesen blancas o negras, buenas o malas, sin ningún término medio. O somos un éxito o un fracaso completos. Por ejemplo, eres delgada o gorda. Tu aspecto es perfecto o espantoso. No existe nada como tener un aspecto aceptable, y ningún punto medio.

¿Participas de esta clase de pensamiento? De ser así, ¿puedes pensar en algún ejemplo tuyo?

....
....
....

Ser catastrofista

Esto implica sacar conclusiones o predicciones catastróficas. Es posible que veas de forma catastrófica algo que ha ocurrido, por ejemplo si has ganado algún kilo, tal vez pienses que tu peso se está escapando a tu control, o respecto al futuro; por ejemplo: «Sé que nunca me casaré debido a mi desagradable cuerpo. Nadie podría amarme jamás con un aspecto como éste».

Ejemplos personales:
....
....
....

Generalización excesiva

Convertir en regla general un suceso aislado. Puedes reconocer esto cuando te ves empleando palabras como siempre, nunca, todos, nadie. Por ejemplo: «Siempre que salgo estoy espantosa. Nunca estaré contenta con mi cuerpo. Nadie me encontrará atractiva jamás con semejante aspecto».

Ejemplos personales:
....
....
....

Adivinar pensamientos y saltar a las conclusiones

Hacer suposiciones sobre lo que piensan los demás y suponer que otras personas reaccionan de forma negativa ante ti. Por ejemplo, si pasas andando al lado de un grupo de personas y empiezan a reírse, podrías pensar «Sé que se están riendo todos porque ven lo gorda que es mi barriga y hablan de ella», cuando realmente podrían estar riéndose porque uno de ellos había contado un chiste o estaban compartiendo un recuerdo divertido.

Ejemplos personales:
....
....
....

Tomarse las cosas de manera personal

Esto suele estar relacionado con la adivinación de pensamientos y con extraer conclusiones; significa asumir la responsabilidad y la culpa por un suceso aunque tenga poco o nada que ver contigo. También, suponer que las acciones o los comentarios van dirigidos a ti cuando eso no necesariamente es verdad. Por ejemplo, pensar «Esa persona fue realmente antipática porque le parecí fea», en vez de considerar que tal vez estuviera teniendo un mal día, sintiéndose mal o cansada.

Ejemplos personales:
....
....
....

Fijarse en lo negativo/no hacer caso a lo positivo

Centrarse en lo negativo y pasar por alto o malinterpretar aspectos positivos de una situación. Aquí se puede incluir que nos centremos en nuestras debilidades y olvidemos nuestros puntos fuertes, dejando de lado cualquier cosa que sea buena. Por ejemplo, si piensas que estás fea, advertirás y recordarás los momentos en que tu aspecto fue objeto de bromas en vez de aquellos en los que alguien te hizo un cumplido.

Ejemplos personales:
....
....
....

Atención selectiva y magnificación

Ésta es una pauta relacionada con «fijarse en lo negativo/no tener en cuenta lo positivo». Atención selectiva significa que advertimos y recordamos ciertas cosas más que otras. Esto con frecuencia equivale a centrar la atención en pequeños defectos y evitar ver la imagen completa.

Aquello a lo que atendemos de forma selectiva suele ser coherente con las creencias que tenemos sobre nosotros mismos. De modo que si no estamos contentos con nuestro cuerpo, es probable que prestemos mucha atención a cualquier parte de él que consideremos imperfecta en vez de vernos en conjunto. Cuando se presta demasiada atención a algo, con frecuencia empieza a magnificarse.

Ejemplos personales:
....
....
....

Vivir según normas fijas y afirmaciones de «debería»

Tener normas fijas y expectativas irreales, utilizando palabras como «debería», «tendría que», «debo» y «no puedo». Por ejemplo, pensar «Debería tener siempre un aspecto perfecto» o «Debo entrenar todos los días».

Ejemplos personales:
....
....
....

Razonamiento emocional

Suponer que porque pensamos o sentimos algo, es así realmente, y creer que nuestros pensamientos y sentimientos son precisos cuando tal vez no lo sean. Por ejemplo: «Me siento gorda; por tanto, estoy gorda»; «Creo que no merezco la pena; por tanto, carezco de interés».

Ejemplos personales:
....
....
....

Etiquetar

Esto significa ponerse a sí misma una etiqueta que es reductora; normalmente, negativa e imprecisa. Haces una afirmación global sobre ti. Por ejemplo: «Estoy gorda como una vaca».

Ejemplos personales:
....
....
....

Reevaluar nuestras pautas de pensamiento

Consideramos lo siguiente para evaluar nuestros pensamientos:

1. ¿Participo de alguna de las pautas de pensamiento anteriores (por ejemplo, pensar en blanco y negro, el razonamiento emocional)? ¿De cuál en concreto?
   ....
   ....

2. ¿Cómo podría afectarme esto a mí y a los pensamientos y sentimientos relacionados con mi cuerpo?
   ....
   ....

3. ¿Cuándo es más probable que yo haga esto?
   ....
   ....

4. ¿De qué otro modo podría pensar en ello?
   ....
   ....

5. ¿Qué otros puntos de vista hay? ¿Qué le diría a una amiga íntima sobre este pensamiento? ¿Qué pensaría otra persona sobre esto?
   ....
   ....

6. ¿Qué pruebas hay en apoyo de mi pensamiento o creencia? ¿Cuáles hay en contra? ¿Cuáles son más convincentes?
   ....
   ....

S8 TRATAMIENTO DE LA EXPOSICIÓN

El objetivo de esta parte de nuestro tratamiento es reducir y superar las emociones negativas que experimentamos y abandonar los juicios críticos negativos sobre nuestro cuerpo o nuestra imagen corporal. Esto implica:

1. Enfrentarse a sentimientos y a percepciones que probablemente hemos estado evitando.
2. Cambiar activamente nuestra postura (pensamientos y juicios hacia nosotras y nuestro cuerpo).

Para hacer esto, estaremos empleando de forma activa todas las técnicas que hemos desarrollado en la atención plena, la postura no enjuiciadora y la compasión, y basándonos en nuestras experiencias de la hoja de trabajo «Cambiar hábitos inútiles».

Este ejercicio va a implicar verse a una misma en un espejo de cuerpo entero.

1. Enfrentarse a sentimientos y a percepciones que probablemente hemos estado evitando

El principio básico de este elemento de nuestro tratamiento es exponernos a «estímulos» que activan pensamientos y sentimientos negativos hasta que se reduzcan y nuestra capacidad para tolerar dichos sentimientos aumente. Este principio se llama *habituación*. Utilizando el espejo, te estaremos exponiendo a los pensamientos, a los sentimientos y a los juicios que te provoca tu cuerpo.

Esto puede parecer espantoso, de modo que para ilustrar el principio de habituación utilizaremos un ejemplo sencillo. Imagina que oyes un ruido verdaderamente fuerte en este instante. Es probable que tu reacción fuese una respuesta inmediata de asombro (por ejemplo «¡¿Oh, Dios mío, qué es eso?!») y tu ansiedad podría ser bastante alta. La ansiedad se mantendría alta hasta que te dieras cuenta de que el ruido no representaba ninguna amenaza para ti, ni anunciaba ningún peligro inminente. En ese momento tu ansiedad y tus pensamientos disminuirían, y se desvanecerían.

Ahora imagina que oyes el ruido por segunda vez; al principio, tu respuesta de asombro sería bastante alta, pero como recuerdas tu experiencia anterior sería menos aguda y duraría un tiempo más corto (por ejemplo, «Ah, otra vez ese sonido»). Esta pauta continuaría, hasta que oír el ruido produjese una respuesta muy pequeña (véase el gráfico 1).

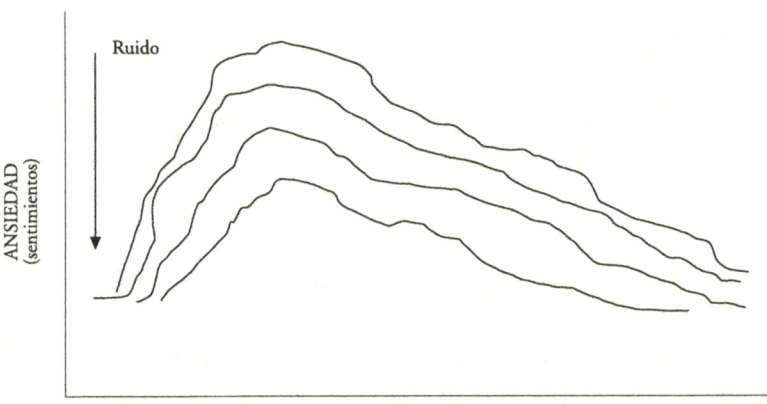

Gráfico 1. Ansiedad/ruido/tiempo.

Éste es el proceso básico a través del cual funciona la *exposición*. Cuanto mayor es la frecuencia con la que te expones a aquello que te genera ansiedad, más te acostumbras a ello y más debería disminuir ésta. La investigación muestra que, siempre y cuando la exposición se prolongue el tiempo suficiente, tu ansiedad acabará por reducirse.

Relacionando esto con el trabajo que has hecho hasta ahora, a través de las conductas de examen y evitación que has identificado previamente, has estado *evitando* enfrentarte a los pensamientos y a los sentimientos relativos a tu cuerpo. Para que la exposición funcione, es necesario que enfrentes activamente las emociones negativas que has estado evitando con anterioridad. Dichas emociones podrían ser ansiedad, desagrado, vergüenza o una mezcla de todas. Están compuestas de pensamientos, sentimientos, percepciones y juicios.

Otro punto crucial es *mantener* tu emoción negativa. Si interrumpieses demasiado pronto experimentar la emoción —como, por ejemplo, huyendo de la habitación en el caso de un ruido súbito—, no descubrirías que el ruido no era una amenaza; por tanto, cada vez que lo oyeras tu respuesta de ansiedad sería la misma. Es posible que te sientas mejor a corto plazo si huyes, pero estarás igual de asustada la próxima vez que oigas el ruido (véase el gráfico de ansiedad/huida/tiempo de la página siguiente).

La evitación es similar a la huida en que reduce efectivamente tu malestar a corto plazo, pero a la larga perpetúa el problema y te impide aprender otras estrategias de afrontamiento. Así pues, al evitar enfrentarte a los pensa-

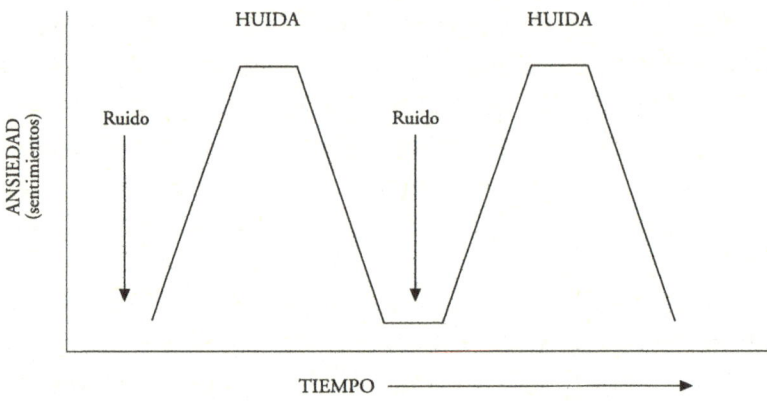

Gráfico 2. Ansiedad/huida/tiempo.

mientos y a los sentimientos sobre tu cuerpo (por medio de las conductas de examen y evitación o el ejercicio compulsivo), estás «huyendo» de experimentar emociones negativas y, por tanto, impidiendo que disminuyan de forma natural.

El punto importante es perseverar en la «exposición» hasta que las emociones negativas empiecen a decrecer, y estar dispuestos a continuar hasta que lo hagan. Todo el mundo necesita una cantidad de tiempo diferente para esto. Puntuar nuestro nivel de malestar en una escala de 10 puntos o en términos de porcentaje respecto de 100 puede ser útil.

Cambiar de forma activa nuestra postura (pensamientos y juicios) hacia nosotros y nuestro cuerpo

Además de exponerte al malestar (es decir, a las emociones negativas) que sientes al mirar tu cuerpo, también tienes que abordar los pensamientos, las creencias y los juicios que se producen en ese momento. Para hacerlo, tendrás que utilizar los bloques constructivos que has desarrollado hasta ahora en tu tratamiento. Para cambiar de forma eficaz la actitud que tienes hacia tu cuerpo, tendrás que recurrir a tus técnicas de *atención plena* y de postura *no enjuiciadora* y a las experiencias en las que asumiste retos difíciles.

Para ilustrar la importancia de exponerse a las emociones negativas y a los juicios y a los pensamientos desafiantes, veamos el ejemplo siguiente:

> Imaginemos que Anna, una consultora de Recursos Humanos, se está preparando para una cita. Ben, un hombre con el que trabaja y que le gusta desde hace tiempo, le ha propuesto salir. Lleva ilusionada con la velada desde hace mucho y se ha comprado un nuevo conjunto expresamente para la ocasión. Esa noche está llena de inquietud; ¿y si a él no le gusta lo que lleva puesto? ¿Y si no tienen nada de lo que hablar? ¿Y si piensa que está gorda? Se pone delante del espejo y se mira con su conjunto nuevo; la cabeza se le llena de inmediato de pensamientos y juicios sobre su cuerpo y su aspecto. «Este vestido me hace una barriga enorme. Se me ve muy gorda. Estoy horrible». Su ansiedad es tan alta que acaba por tomar la decisión de llamar por teléfono a Ben y cancelar la cita. Se pasa toda la noche frente al televi-

sor; su ansiedad se ha aliviado a corto plazo. Sin embargo, comienza a elevarse otra vez al pensar en ver a Ben en el trabajo el lunes por la mañana.

Ahora, imaginemos la situación de nuevo. Ben le ha propuesto salir, y ella está de pie frente al espejo, con su conjunto especial, sin dejar de pensar en lo gorda y espantosa que se ve. Sin embargo, esta vez decide emplear un enfoque de atención plena. Observa y describe sus pensamientos: «Me viene el pensamiento de que estoy gorda, me viene el pensamiento de que estoy espantosa». Procura utilizar un enfoque no juzgador cuando se mira y sabe que si evitase esta situación, cada vez que tuviera una cita con alguien volvería a experimentar ansiedad. Calcula su ansiedad dentro de una escala de 1 a 10: es un 9. Decide enfrentarse a sus miedos y llama un taxi. Cuando llega al bar donde ha quedado con Ben, se da cuenta de que su mente está llena de juicios y su ansiedad sube a 10. Sin embargo, según avanza la conversación, examina su ansiedad y advierte que está bajando; pasa a un 7 y al final de la velada se ha reducido a un 5. Anna está realmente satisfecha de haber hecho frente a sus ansiedades, y acuerda verse otra vez con Ben.

Como puede apreciarse en este ejemplo, superar la evitación de los estados emocionales negativos significa que necesitamos al mismo tiempo:

- Enfrentarnos a lo que hemos estado evitando.
- Ser conscientes de nuestros pensamientos, juicios o creencias negativas y, o bien tolerarlos desde la atención plena, o ponerlos en duda.

Ejercicios

1. Puntúa tu ansiedad sobre una escala de 1 a 10.
2. Vistiendo ropa muy corta, mírate en un espejo de cuerpo entero con la mente y el corazón abiertos y conscientes.
3. Vuelve a puntuar tu ansiedad en una escala de 1 a 10.
4. Con las dos tarjetas de pensamiento y juicio, una en cada mano, trata de verbalizar cualquier pensamiento o juicio que te venga a la mente, levantando la tarjeta a la que creas que corresponda.
5. Si tienes juicios críticos persistentes, procura utilizar la tarjeta de la postura no enjuiciadora.
6. Si te resulta difícil, piensa en la línea de la postura no enjuiciadora. ¿Dónde colocarías tu pensamiento en esta línea?
7. Limitarse a «observar y a describir» sin juzgar suele ser difícil respecto a la mayoría de las partes del cuerpo que no son la cara. Puedes tratar de hacer breves observaciones —por ejemplo, mis muslos están curvados— o tal vez tendrías que hacer declaraciones de aceptación radicales como: «Ésta es mi barriga. Así es».
8. Vuelve a puntuar tu ansiedad. Es muy importante seguir con el ejercicio hasta que tu ansiedad se haya reducido lo bastante para que la exposición sea beneficiosa.

S11A EXAMEN DE LA IMAGEN CORPORAL

Imagen corporal

Día/hora	Pensamientos/ sentimientos/ sensaciones	Acciones/ conducta

Postura no enjuiciadora

Situación	Mente enjuiciadora	Postura no enjuiciadora

Pensamientos/sentimientos/juicios/sensaciones

Atención plena

Pensamientos/sentimientos/juicios/sensaciones

Exposición al espejo

Pensamientos/sentimientos/juicios/sensaciones

Revisión de la autovaloración y plan de desarrollo

1. Anota debajo las experiencias o las influencias que han afectado de forma negativa a tu autovaloración en el pasado.
   ....
   ....
   ....
   ....

2. Anota debajo las experiencias o las influencias que han afectado de forma positiva a tu autovaloración en el pasado.
   ....
   ....
   ....
   ....

3. ¿Qué factores de tu vida diaria podrían estar restringiendo tu autovaloración ahora?
   ....
   ....
   ....
   ....

4. Elabora tu propio plan personal para mejorar tu autovaloración y «diversificar tus inversiones».
   ....
   ....
   ....
   ....
   ....
   ....

Desarrollar compasión hacia ti misma

«Un corazón amoroso es la sabiduría más auténtica».

Charles Dickens

Compasión significa «sentir con» y «sentir por» un ser. Es una cualidad y habilidad humana que está poco desarrollada en las personas que tienen un fuerte «crítico interior». Desarrollar compasión por una misma puede parecer todo un reto al principio, y requiere práctica. Poder sentir más compasión hacia ti misma te reportará beneficios con el tiempo, pero hay que comprometerse a asumir la responsabilidad de este cambio a través del adiestramiento y la perseverancia. Como con cualquier nueva habilidad, requiere su tiempo, y habrá algunos retrocesos.

Valorar la compasión

Compasión no es lo mismo que ser pasivo y tolerar lo que exige algún tipo de acción por nuestra parte, sino aceptar lo que no se puede cambiar. Nelson Mandela y Gandhi son ejemplos de personas fuertes y compasivas, y se las conoce por su energía, empuje y fuerza. ¿Puedes pensar en alguien que conozcas, o una figura de los medios de comunicación, que para ti sería una clara referencia en el aspecto compasivo?

Comprender la compasión

Las cualidades compasivas son las siguientes:

- La *comprensión* es querer cuidar o ayudarse a sí mismo. Si podemos aprender a ser comprensivos con nosotros mismos, podemos aprender a estar tristes y no necesariamente deprimirnos o pensar que sentirse triste debe estar mal. Nos ayuda a sentir cariño hacia nosotros, en vez de tratarnos con dureza.
- La *aceptación* nos permite reconocernos por quienes somos. Tiene que ver con la conciencia de sí, llegar a conocernos y gustarnos con nuestras singulares diferencias, entre ellas nuestra figura corporal. Esto es más útil que desear ser otra persona.
- El *perdón* reconoce que cometemos errores y podemos aprender de ellos. Nos permite cambiar, en vez de criticarnos a la más mínima oportunidad y mantenernos así en un lugar negativo y desagradable.
- La *empatía* se refiere a estar al tanto de cómo se sienten otros, y a su vez ser más capaces de aceptar y comprender nuestros propios sentimientos. Tal vez sintamos decepción o alegría. Cuando experimentamos empatía hacia nosotros no nos decimos que no deberíamos sentir esas cosas y que deberíamos combatirlas.

Piensa en cada una de estas cualidades. ¿Alguien representa estas cualidades para ti? ¿Cómo y cuándo eres así hacia otros? ¿Cómo podrías empezar a ser así más hacia ti misma?

Desarrollar la compasión

Practicaremos la compasión durante la sesión, pero también tendrás que practicar en casa. Utilizar diferentes sentidos te ayudará a lograrlo: como una luz blanca sanadora (visual) o imaginar una calidez que viene hacia ti (tacto, quinestésico). A continuación, hay algunas otras ideas.

Elaborar una imagen compasiva

Éstas son algunas preguntas para ayudarte a empezar a elaborar tu propia imagen de compasión:

- ¿Qué aspecto te gustaría que tuviera tu imagen compasiva?
- ¿Qué sonido tendría?
- ¿Qué sensación te produciría o cómo olería?
- ¿De qué modo te gustaría que tu imagen se relacionase o hablase contigo?
- ¿Cómo te gustaría poder relacionarte o hablar con tu imagen?

Anclar

También será útil que lleves contigo algo a modo de símbolo, como una cruz, o la imagen de un Buda o la fotografía de alguien que represente estas cualidades, como el Dalai Lama o Gandhi. Cada vez que seas compasiva contigo misma, agárralo con la mano o míralo. Esto te ayudará entonces a «anclar» una nueva serie de respuestas a las que puedes invocar (con la práctica) cuando te sientas enjuiciadora o crítica contigo misma.

Negociar con tu «crítico interior»

Una vez que hayas establecido un símbolo o una imagen de la compasión, puedes evocarla mentalmente y comunicarte con dicha imagen para impedirte recaer en viejos hábitos autocríticos al recordarte tu nuevo yo, capaz de perdonar y aceptar.

S11B ELABORAR UNA IMAGEN CORPORAL POSITIVA

Apoyo y referencias positivas

familia

amigos

Estrategias de afrontamiento

Papel de satisfacción conmigo misma

Equilibrio holístico y bienestar
Espiritualidad
Trabajo
Ocio
Metas personales

Bienestar físico

Fuente: Adaptado de L. H. Choate (2005): «Toward a theoretical model of women's body image resistance». *Journal of Counselling and Development,* 83, 320-330; y J. E. Myers, T. J. Sweeney y J. M. Witmer (2000): «The Wheel of Wellness Counseling for Wellness: A holistic model for treatment planning». *Journal of Counseling and Development,* 78(3), 251-266.

S12 IMAGEN CORPORAL: PLAN DE CONTINUACIÓN

Atención plena

....
....
....
....
....
....
....

Postura no enjuiciadora

....
....
....
....
....
....
....

Mis objetivos de cambio

....
....
....
....
....
....
....

Trabajo de espejo

....
....
....
....
....
....
....

Momentos o sucesos que podrían reactivar los sentimientos y los hábitos de una imagen corporal negativa

....
....
....
....
....
....
....

Cómo pienso minimizar el riesgo o controlarlo si se produce

....
....
....
....
....
....
....

APÉNDICE 4

PLANTILLA PARA UNA CARTA DE DESPEDIDA

Querida X:

Te interesaste en hacer el programa de Imagen Corporal porque habías empezado a darte cuenta de que en tu lucha con la comida y el peso había influido la forma en que te sientes respecto a tu cuerpo. Tenías algunas dudas sobre si serías capaz de abordar y hacer frente a algunos aspectos de tu imagen corporal, pero tras hablarlo tomaste la decisión de comprometerte con el programa.

Me ha impresionado, X, tu disposición a acudir a nuestras sesiones y realizar parte del trabajo que implica el programa, considerando lo difícil que para ti ha sido efectuar estos cambios. Has trabajado con extremado empeño para superar tus conductas de evitación y lo has logrado. Esto requirió una gran resolución y esfuerzo por tu parte, X, y sé que estás satisfecha con tus logros.

Por otro lado, te ha costado más completar algunas de las tareas para casa. Para ti ha sido duro poner el trabajo con tu imagen corporal por encima de otras cosas, y te ha resultado difícil sacar tiempo para practicar algunas partes importantes del tratamiento; por ejemplo, la atención plena y la exposición. Que sigas haciendo más progresos creo que va a depender de que estés dispuesta a considerar prioritaria la superación de tus preocupaciones sobre la imagen corporal, y de hasta dónde llegues en la práctica habitual de las técnicas que has aprendido.

Espero proyectar contigo el paso siguiente a partir de aquí y volver a verte dentro de seis semanas para comprobar cómo vas progresando.

Afectuosamente,

APÉNDICE 5

INSTRUCCIONES DE PUNTUACIÓN Y NORMAS PARA LAS MEDIDAS DE LA IMAGEN CORPORAL

EDTA

Da una puntuación de 1 por cada uno de los siguientes

AN

1. Datos de altura y peso sobre los ítems de EDTA 19 y 20 que resultan en un índice de masa corporal (IMC) de menos de 17,5.
2. Miedo a ganar peso según se clasifica en la puntuación de 4 o más en el ítem 2.
3. Indebida influencia del peso o la figura corporal sobre la autoevaluación según se clasifica en la puntuación de 4 o más en EDTA 3 o 4.

4. Amenorrea según se clasifica en la puntuación en el ítem 21.

BN

1. Habituales ingestas compulsivas caracterizadas por una percibida pérdida de control y el consumo de una gran cantidad de comida según se clasifica por «sí» a 5.
2. Sí a 6.
3. Una respuesta de más de 2 en el ítem 8.
4. Respuesta de 8 o más en la suma de 15, 16, 17 y 18.
5. Puntuación de 4 o más en 3 o 4.

TIC

1. Ingestas compulsivas según se advierte por «sí» a 5.
2. Sí a 6.
3. Respuesta de más de 2 en el ítem 7.
4. Una respuesta de «sí» al menos a tres de los ítems de EDTA 9, 10, 11, 12 y 13.
5. Respuesta sí a 14.
6. Respuesta 0 a 15, 16, 17, 18.

CUESTIONARIO DE LA ACTITUD CORPORAL (CAC)

Puntuación

Se puntúan todas las preguntas excepto los ítems puntuados a la inversa que vienen a continuación:

Muy de acuerdo = 5, De acuerdo = 4, Neutral = 3, En desacuerdo = 2, Muy en desacuerdo = 1.

Puntuado a la inversa: 3, 10, 11, 12, 16, 17, 20, 41, 43.

Para las puntuaciones de subescala añadimos las puntuaciones del ítem correspondiente. Adviértase que el atractivo y la fuerza-salud tendrán puntuaciones inferiores en el caso de un trastorno mayor.

Subescalas

Atractivo
1, 3, 7, 9, 40 (normal = media 16,4).

Rechazo
2, 6, 15, 18, 21, 24, 33, 34 (normal = media 15,2).

Sentirse gorda
4, 5, 8, 10, 14, 17, 19, 25, 28, 35, 38, 42, 44 (normal = = 38,4).

Prominencia
11, 12, 20, 30, 31, 32, 36, 41 (normal = 25,6).

Gordura de la parte inferior del cuerpo
13, 23, 27, 39 (normal = 12,2).

Fortaleza-salud
16, 22, 26, 29, 37, 43 (normal = 16,1).

Subescalas CAC	Media para controles no clínicos (d.t.)	Media para mujeres con anorexia nerviosa (d.t.)	Puntuación máxima
Creerse gorda	38,4 (9,6)	50,2 (7,7)	65
Rechazo	15,2 (4,2)	24,9 (6,5)	40
Fuerza	16,1 (2,9)	19,6 (2,9)	30
Prominencia	25,6 (4,2)	29,7 (4,3)	40
Atractivo	16,4 (2,8)	11,9 (3,5)	25
Gordura parte inferior del cuerpo	12,2 (3,1)	15,2 (3,7)	20

d.t.: desviación típica.

EXAMEN DEL CUERPO Y CUESTIONARIO DE EVITACIÓN (ECCE)

Puntuamos cada ítem como sigue:

En absoluto —no interesada	En absoluto —evita hacerlo por un posible malestar	Examinado menos de una vez a la semana	Examinado 1-6 veces a la semana	Examinado 1-2 veces al día	Examinado 3 o más veces al día
0	1	2	3	4	5

Calculamos la media de todas las puntuaciones. Sumamos todos los ítems y, luego, dividimos entre 22.

	Media	Desviación típica
Anorexia nerviosa	2,3	1,0
Bulimia nerviosa	2,4	1,0
Trastorno alimentario atípico	2,1	0,9
Controles no clínicos	0,9	0,6

Relaciones entre los grupos IMC y las medias de subescala CAC.

Subescala	Grupo IMC			
	Menos de 20 Media (d.t.)	20 a 25 Media (d.t.)	26 a 30 Media (d.t.)	Más de 30 Media (d.t.)
Creerse gorda	34,5 (9,4)	37,5 (8,4)	42,5 (9,6)	45,2 (10,9)
Rechazo	15,2 (3,8)	14,6 (3,7)	16,6 (4,6)	17,4 (6,1)
Fuerza	16,1 (2,8)	16,1 (2,8)	16,3 (3,1)	15, 8 (3,4)
Prominencia	25,4 (4,4)	25,5 (4,0)	26,2 (4,4)	26,3 (4,6)
Atractivo	16,8 (2,6)	16,5 (2,7)	16,3 (2,9)	14,9 (3,1)
Gordura parte inferior cuerpo	11,4 (3,2)	11,9 (2,9)	13,4 (2,8)	13,4 (3,5)

CUESTIONARIO DE LA EVITACIÓN DE LA IMAGEN CORPORAL (CEIC)

Calculamos el total de todas las puntuaciones. Puntuación máxima 5 × 19 = 95.

	Media	Desviación estándar
Población clínica (pacientes de bulimia)	40,17	10,9
Muestra femenina no clínica	30,67	12,7

ESCALA DE INSATISFACCIÓN CORPORAL (EDI-2)

Puntuación

		A	U	O	S	R	N
1	Creo que mi barriga es demasiado grande	3	2	1	0	0	0
2	Creo que mis muslos son demasiado grandes	3	2	1	0	0	0
3	Creo que mi barriga tiene el tamaño justo	0	0	0	1	2	3
4	Me siento satisfecha con la forma de mi cuerpo	0	0	0	1	2	3
5	Me gusta la forma de mi trasero	0	0	0	1	2	3
6	Creo que mis caderas son demasiado grandes	3	2	1	0	0	0
7	Creo que mis muslos tienen el tamaño justo	0	0	0	1	2	3
8	Creo que mi trasero es demasiado grande	3	2	1	0	0	0
9	Creo que mis caderas tienen el tamaño justo	0	0	0	1	2	3

Puntuación máxima 27.

Normas

	Medias	Desviación típica
Trastornos alimentarios (combinados)	16,6	8,3
Control femenino no clínico	12,2	8,3

SUBESCALA DE LA VERGÜENZA CORPORAL (DEL ESS)

Puntuación

En absoluto	Un poco	Moderadamente	Mucha
1	2	3	4

Posible extensión de la puntuación 4-16. Media de 9,82 para adultos jóvenes (desviación estándar 3,4).

INVENTARIO DE ESQUEMAS DE ASPECTO (IEA)

Calculamos la puntuación media para los 14 ítems.

	Media	*Desviación típica y rango*
Muestra femenina no clínica	2,61	0,67 (1-5)

(Ninguna norma para las personas con trastornos alimentarios está disponible para la versión de 1996).

INVENTARIO DE SAWBS

Con él se examina la importancia de la figura y el peso respecto a los sentimientos generales de autovaloración en el contexto de otros atributos en los que se basa dicha autovaloración. La puntuación SAWBS es el ángulo de la parte que ocupan la figura y el peso en un diagrama circular medido con un transportador.

ESCALA DE LA IMAGEN CORPORAL

Calculamos dentro de la escala el porcentaje de la puntuación de aceptación.

ESCALA DE LA AUTOESTIMA ROSENBERG

Puntuación

a) Para los ítems 1, 3, 4, 7 y 10, se puntúa del modo siguiente:

Muy de acuerdo	De acuerdo	En desacuerdo	Muy en desacuerdo
1	2	3	4

b) Para los ítems 2, 5, 6, 8 y 9, se invierte la puntuación; es decir: 1 = 4, 2 = 3, 3 = 2, 4 = 1
c) Sumamos los totales de a) y b) para obtener la puntuación de la autoestima total. (Puntuación máxima, 40).

Interpretación

10-13: Te ves a ti misma de forma muy positiva como persona competente y valiosa. Te gustas y te respetas, estás orgullosa de tus logros, y crees que los otros te aprueban y te respetan.

14-16: En general tienes una idea positiva de ti misma. Crees que eres tan competente como los demás y que te aceptan y te consideran valiosa.

17-20: Tienes una idea de ti misma bastante equilibrada en cuanto a tener puntos buenos y malos. Crees que normalmente puedes resistir la comparación con otros y que otras personas te ven como ni mejor ni peor que ellas.

21-25: Tiendes a ser algo negativa y autocrítica. No te ves tan competente como los demás y crees que no te respetan mucho.

>25: En general te ves a ti misma de forma muy negativa, como menos valiosa y competente que otros. Tiendes a no gustarte, a ponerte por debajo y a sentir que los demás te miran desde arriba.

Puntuaciones normativas para hombres y mujeres

	Hombres	Mujeres	Total
Media	14,99	15,48	15,27
Desviación típica	4,78	4,91	4,86

HOJA DE PUNTUACIÓN PARA LA IMAGEN CORPORAL PUNTUACIONES DEL PROGRAMA PSICOMÉTRICO

Nombre del paciente……………..   *Nombre del terapeuta*………………

Las puntuaciones más bajas reflejan progreso salvo que se especifique lo contrario.

Fecha	Pre	Post	Revisión 6 semanas
Trastorno alimentario			
EATA			
AN	/4	/4	/4
BN	/5	/5	/5
TIC	/6	/6	/6
Trastorno de la imagen corporal			
C. actitud corporal			
Atractivo (progreso = puntuaciones más altas)	/25	/25	/25
Rechazo	/40	/40	/40
Creerse gorda	/65	/65	/65
Prominencia	/40	/40	/40
Gordura parte inferior cuerpo	/20	/20	/20
Fuerza (progreso = puntuaciones más altas)	/30	/30	/30
C. examen corporal y evitación	/5	/5	/5
C. evitación imagen corporal	/95	/95	/95
Subescala de la insatisfacción corporal (EDI-2)	/27	/27	/27
Subescala de la vergüenza corporal	/16	/16	/16
Inventario de los esquemas de aspecto	/5	/5	/5
SAWBS	/360º	/360º	/360º
Escala de la imagen corporal (%) (progreso = puntuaciones más altas)	/100%	/100%	/100%
Autoestima general			
Escala de autoestima Rosenberg	/40	/40	/40

BIBLIOGRAFÍA

Capítulo 1

Referencias

ALTABE, M. (1998): «Ethnicity and body image: Quantitative and qualitative analysis». *International Journal of Eating Disorders,* 23, 153-159.
ANDREWS, B. (1995): «Bodily shame as a mediator between abusive experiences and depression». *Journal of Abnormal Psychology,* 104(2), 277-285.
— (1997): «Bodily shame in relation to abuse in childhood and bulimia: A preliminary investigation». *British Journal of Clinical Psychology,* 36(1), 41-49.

BECKER, A.; BURWELL, R.; HERZOG, D. y HAMBURG, P. (2002): «Eating behaviours and attitudes following prolonged exposure to television among ethnic Fijian adolescent girls». *The British Journal of Psychiatry*, 180, 509-514.

BELL, L. (2002): «Does concurrent psychopathology at presentation influence response to treatment for bulimia nervosa?». *Eating and Weight Disorders*, 7, 168-181.

BEN-TOVIM, D. I. y WALKER, M. K. (1991): «The development of the Ben-Tovim Walker Body Attitudes Questionnaire (BAQ), a new measure of women's attitudes towards their own bodies». *Psychological Medicine*, 21(3), 775-784.

BREWERTON, T. (2005): «Psychological trauma and eating disorders». *Eating Disorders Review*, 1, 137-154.

BROWN, L. (1997): «Child sexual abuse and eating disorders: A review of the links and personal comments on the treatment process». *Australian and New Zealand Journal of Psychiatry*, 31, 194-199.

CASH, T. F. y DEAGLE, E. A. (1997): «The nature and extent of body-image disturbances in anorexia nervosa and bulimia nervosa: A meta-analysis». *International Journal of Eating Disorders*, 22(2), 107-126.

CASH, T. F. y PRUZINSKY, T. (eds.) (2002): *Body Image: A Handbook of Theory, Research, and Clinical Practice*. Nueva York: Guilford Press.

CHOATE, L. H. (2005): «Toward a theoretical model of women's body image resistance». *Journal of Counselling and Development*, 83, 320-330.

ELDREDGE, K. L. y AGRAS, W. S. (1996): «Weight and shape overconcern and emotional eating in binge eating disorder». *International Journal of Eating Disorders*, 19(1), 73-82.

FAIRBURN, C. G.; NORMAN, P. A.; WELCH, S. L.; O'CONNOR, M. E.; DOLL, H. A. y PEVELER, R. C. (1995): «A prospective study of outcome in bulimia nervosa and the long-term effects of three psychological treatments». *Archives of General Psychiatry*, 52, 304-312.

FAVARO, A.; DALLE-GRAVE, R. y SANTONASTASO, P. (1998): «Impact of a history of physical and sexual abuse in eating disordered and asymptomatic subjects». *Acta Psychiatrica Scandinavica*, 97, 358-363.

FULLERTON, D. T.; WONDERLICH, S. A. y GOSNELL, B. A. (1995): «Clinical characteristics of eating disorder patients who report sexual or physical abuse». *International Journal of Eating Disorders*, 17, 243-249.

GARFINKEL, P. E.; LIN, E.; GOERING, P.; SPEGG, C.; GOLDBLOOM, D. S.; KENNEDY, S.; KAPLAN, A. S. y WOODSIDE, D. B. (1995): «Bulimia nervosa in a Canadian community sample: Prevalence and comparison of subgroups». *American Journal of Psychiatry*, 152(7),1052-1058.

GILBERT, P. y MILES, J. (2002): *Body Shame: Conceptualisation, Research and Treatment.* Hove: Brunner-Routledge.

GILBERT, S. y THOMPSON, J. K. (1996): «Feminist explanations of the development of eating disorders: Common themes, research findings, and methodological issues». *Clinical Psychology: Science and Practice*, 3(3), 183-202.

GLEAVES, D. H. y EBERENZ, K. P. (1994): «Sexual abuse histories among treatment-resistant bulimia nervosa patients». *International Journal of Eating Disorders*, 3, 227-231.

GROESZ, L. M.; LEVINE, M. P. y MURNEN, S. K. (2002): «The effect of experimental presentation of thin media images on body dissatisfaction: A meta analytic review». *International Journal o f Eating Disorders*, 31, 1-16.

GUINEY, K. M. y FURLONG, N. E. (1999): «Correlates of body satisfaction and self-concept in third and sixth graders». *Current Psychology*, 18(4), 353-368.

HARRIS, D. L. y CARR, A. T. (2001): «Prevalence of concern about physical appearance in the general population». *British Journal of Plastic Surgery*, 54(3), 223-226.

HAWKINS, N.; RICHARDS, P; GRANLEY, H. y STEIN, D. (2004): «The impact of exposure to the thin-ideal media image on women». *Eating Disorders*, 12(1), 35-50.

HAWORTH-HOEPPNER, S. (2000): «The critical shapes of body image: The role of culture and family in the production of eating disorders». *Journal of Family and Marriage,* 62(1), 212-227.

HENDERSON-KING, E. y HENDERSON-KING, D. (1997): «Media effects on women's body esteem: Social and individual difference factors». *Journal of Applied Social Psychology,* 27(5), 399-417.

HENDERSON-KING, D.; HENDERSON-KING y HOFFMAN, L. (2001): «Media images and women's self-evaluations: Social context and importance of attractiveness as moderators». *Personality and Social Psychology Bulletin,* 27(11), 1407-1416.

HERZOG, D. B.; KERRY, L. y NEWMAN, B. (1991): «Body image dissatisfaction in homosexual and heterosexual males». *Journal of Nervous and Mental Disease,* 179, 356-359.

HSU, L. K. G. (1989): «The gender gap in eating disorders: Why are the eating disorders more common among women?». *Clinical Psychology Review,* 9, 393-407.

JAMES, O. (2007): *Affluenza.* Londres: Vermilion.

KEARNEY-COOKE, A. (2002): «Familial influences on body image development», en T. F. Cash y T. Pruzinsky (eds.), *Body Image: A Handbook of Theory and Clinical Practice* (págs. 99-107). Nueva York: Guilford Press.

KICHLER, J. y CROWTHER, J. H. (2001): «The effects of maternal modeling and negative familial communication on women's eating attitudes and body image». *Behavior Therapy,* 32(3), 443-457.

KING, N.; TOUYZ, S. y CHARLES, M. (2000): «The effect of body dissatisfaction on women's perceptions of female celebrities». *International Journal of Eating Disorders,* 27(3), 341-347.

KRUEGER, D. W. (2002): «Psychodynamic perspectives on body image», en T. F. Cash y T. Pruzinsky (eds.), *Body Image: A Handbook of Theory, Research, and Clinical Practice.* Nueva York: Guilford Press.

LEWIS, D. y CACHELIN, F. (2001): «Body image, body dissatisfaction, and eating attitudes in midlife and elderly women». *Eating Disorders: The Journal of Treatment and Prevention,* 9, 29-39.

Matsanuga, H.; Kaye, W. H.; McConaha, C.; Plotnicov, K.; Police, C.; Rao, R. y Stein, D. (1999): «Psychopathological characteristics of recovered bulimics who have a history of physical or sexual abuse». *Journal of Nervous and Mental Disease*, 187, 472-477.

McCarthy, M. (1990): «The thin ideal, depression and eating disorders in women». *Behavioral Research and Therapy*, 28, 205-218.

McClelland, L.; Mynors-Wallis, L.; Fahy, T. y Treasure, J. (1991): «Sexual abuse, disordered personality and eating disorders». *British Journal of Psychiatry*, 158 (suplemento 10), 63-68.

McFarlane, T.; McCabe, R. E.; Jarry, J.; Olmsted, M. P. y Polivy, J. (2001): «Weight- and shape-related self-evaluation in women with eating disorders, dieters, and non-dieters». *International Journal of Eating Disorders*, 29, 328-335.

McKinley, N. M. (2002): «Feminist perspectives and objectified body consciousness», en T. F. Cash y T. Pruzinsky (eds.), *Body Image: A Handbook of Theory, Research and Clinical Practice*. Nueva York: Guilford Press.

Mussell, M. P.; Binford, R. B. y Fulkerson, J. A. (2000): «Eating disorders. Summary of risk factors, prevention programming and prevention research». *The Counseling Psychologist*, 28(6), 764-796.

Myers, A. y Rosen, J. C. (1999): «Obesity stigmatization and coping: Relation to mental health symptoms, body image, and self-esteem». *International Journal of Obesity and Related Metabolic Disorders*, 23(3), 221-230.

Myers, J. E.; Sweeney, T. J. y Witmer, J. M. (2000): «The Wheel of Wellness Counseling for Wellness: A holistic model for treatment planning». *Journal of Counseling and Development*, 78(3), 251-266.

Nagata, T.; Kiriike, N.; Iketani, T.; Kawarada, Y. y Tanaka, H. (1999): «History of childhood sexual or physical abuse in Japanese patients with eating disorders: Relationship with dissociation and impulsive behaviours». *Psychological Medicine*, 29, 935-942.

Neims, D. M.; McNeill, J.; Giles, T. R. y Todd, F. (1995): «Incidence of laxative abuse in community and bulimic populations: A descriptive review». *International Journal of Eating Disorders*, 17, 211-228.

Nemeroff, C. J.; Stein, R. I.; Diehl, N. S. y Smilack, K. M. (1994): «From the Cleavers to the Clintons: Role choices and body orientation as reflected in magazine article content». *International Journal of Eating Disorders*, 16, 167-176.

Pingitore, R.; Spring, B. y Garfleld, D. (1997): «Gender differences in body satisfaction». *Obesity Research*, 5, 402-409.

Pinhas, L.; Toner, B. B.; Ali, A. y Garfinkel, P. E. (1999): «The effects of the ideal of female beauty on mood and body satisfaction». *International Journal of Eating Disorders*, 25, 223-226.

Polce-Lynch, M.; Myers, B. J.; Kilmartin, C. T.; Forssmann-Falck, R. y Kliewer, W. (1998): «Gender and age patterns in emotional expression, body image, and self-esteem: A qualitative analysis». *Sex Roles*, 38, 1025-1048.

Polivy, J. y Herman, C. P. (2002): «Causes of eating disorders». *Annual Review of Psychology*, 53, 187-213.

— (2004): «Sociocultural idealization of thin female body shapes: An introduction to the special issue on body image and eating disorders». *Journal of Social and Clinical Psychology*, 23, 1-6.

Posavac, S. S. y Posavac, H. D. (2002): «Predictors of women's concern with body weight: The roles of perceived self-media ideal discrepancies and self-esteem». *Eating Disorders: The Journal of Treatment and Prevention*, 10, 153-160.

Probst, M.; Vandereycken, W. y Coppenolle, H. van (1997): «Body-size estimation in eating disorders using video-distortion on a life-size screen». *Psychotherapy and Psychosomatics*, 66, 87-91.

Rodin, J.; Silberstein, L. y Striegel-Moore, R. H. (1984): «Women and weight: A normative discontent». *Nebraska Symposium on Motivation*, 32, 267-307.

Root, M. P. y Fallon, P. (1989): «Treating the victimised bulimic». *Journal of Interpersonal Violence*, 4, 90-100.

RORTY, M.; YAGER, J. y ROSSOTTO, E. (1994): «Childhood sexual, physical, and psychological abuse in bulimia nervosa». *American Journal of Psychiatry*, 151, 1122-1126.

ROSEN, J. C. (1995): «Assessment and treatment of body disturbance», en K. D. Brownell y C. G. Fairburn (eds.), *Eating Disorders and Obesity: A Comprehensive Handbook*. Nueva York: Guilford Press.

— (1997): «Cognitive behavioral body image therapy», en D. M. Garner y P. E. Garfinkel (eds.), *Handbook of Treatment for Eating Disorders* (págs. 188-201). Nueva York: Guilford Press.

ROTHBLUM, E. D. (1994): «'I'll die for the revolution but don't ask me not to diet': Feminism and the continuing stigmatization of obesity», en P. Fallon, M. A. Katzman y S. A. Wooley (eds.), *Feminist Perspectives in Eating Disorders*. Nueva York: Guilford Press.

SCHAAF, K. K. y MCCANNE, T. R. (1994): «Childhood abuse, body image disturbance, and eating disorders». *Child Abuse and Neglect*, 18(8), 607-615.

SCHILDER, P. (1935): *The Image and Appearance of the Human Body*. Londres: Kegan Paul, Trench, Trubner and Company.

SLADE, P. D. (1988): «Body image in anorexia nervosa». *British Journal of Psychiatry Supplement*, 2, 20-22.

— (1994): «What is body image? *Behaviour Research and Therapy*, 32, 497-504.

STICE, E. (2001): «Risk factors for eating pathology: Recent advances and future directions», en R. H. Striegel-Moore y L. Smolak (eds.), *Eating Disorders: Innovative Directions in Research and Practice* (págs. 51-73). Washington, DC: American Psychological Association.

STICE, E.; SCHUPAK-NEUBERG, E.; SHAW, H. E. y STEIN, R. I. (1994): «Relation of media exposure to eating disorder symptomatology: An examination of mediating mechanisms». *Journal of Abnormal Psychology*, 103, 836-840.

THOMPSON, J. K. (1992): «Body image: Extent of disturbance, associated features, theoretical models, assessment methodologies,

intervention strategies, and a proposal for a new DSM diagnostic category - body image disorder». *Progress in Behaviour Modification,* 28, 3-54.
—; HEINBERG, L. J.; ALTABE, M. N. y TANTLEFF-DUNN, S. (1999): *Exacting Beauty: Theory, Assessment and Treatment of Body Image Disturbance.* Washington, DC: American Psychological Association.
THOMSEN, S. R.; MCCOY, J. K. y WILLIAMS, M. (2001): «Internalizing the impossible: Anorexic outpatients' experiences with women's beauty and fashion magazines». *Eating Disorders,* 9(1), 49-64.
TREUER, T.; KOPERDÁK, M.; RÓZSA, S. y FÜREDI, J. (2005): «The impact of physical and sexual abuse on body image in eating disorders». *European Eating Disorders Review,* 13(2), 106-111.
TURNER, S. L.; HAMILTON, H. y JACOBS, M. (1997): «The influence of fashion magazines on the body image satisfaction of college women: An exploratory analysis». *Adolescence,* 32, 603-614.
WALLER, G.; HAMILTON, K.; ROSE, N.; SUMRA, J. y BALDWIN, G. (1993): «Sexual abuse and body image distortion in the eating disorders». *British Journal of Clinical Psychology,* 32, 350-352.
WHITBOURNE, S. K. y SKULTETY, K. M. (2002): «Body image development: Adulthood and aging», en T. F. Cash y T. Pruzinsky (eds.), *Body Image: A Handbook of Theory, Research, and Clinical Practice* (págs. 83-90). Nueva York: Guilford Press.
WILLIAMSON, I. y HARTLEY, P. (1998): «British research into the increased vulnerability of young gay men to eating disturbance and body dissatisfaction». *European Eating Disorders Review,* 6, 160-170.
WISEMAN, C. V.; GRAY, J. J.; MOSIMANN, J. E. y AHRENS, A. H. (1992): «Cultural expectations of thinness in women: An update». *International Journal of Eating Disorders,* 11, 85-89.
WOLF, N. (1991): *The Beauty Myth.* Londres: Vintage.
WONDERLICH, S. A.; BREWERTON, T. D.; JOCIC, Z.; DANSKY, B. S. y ABBOTT, D. (1997): «Relationship of childhood sexual abuse and eating disorders». *Journal of the American Academy of Child and Adolescent Psychiatry,* 36, 1107-1115.

Lecturas recomendadas

NAJAVITS, L. M. (2002): *Seeking Safety: A Treatment Manual for PTSD and Substance Abuse.* Nueva York: Guilford Press.

Capítulo 2

Referencias

APA (1994): *Diagnostic and Statistical Manual of Mental Disorders* (4.ª ed.). Washington, DC: American Psychiatric Association.
— (2000): *Diagnostic and Statistical Manual of Mental Disorders* (4.ª ed., texto revisado). Washington, DC: American Psychiatric Association.
BELL, L. (2003): «What can we learn from consumer studies and qualitative research in the treatment of eating disorders». *Eating and Weight Disorders,* 8, 181-187.
BEN-TOVIM, D. I.; WALKER, K.; GILCHRIST, P.; FREEMAN, R.; KALUCY, R. y ESTERMAN, A. (2001): «Outcome in patients with eating disorders: A 5-year study». *The Lancet,* 357, 1254-1257.
CASH, T. F. (2002): «Body image: Cognitive behavioral perspectives on body image», en T. F. Cash y T. Pruzinsky (eds.), *Body Images: A Handbook of Theory, Research, and Clinical Practice* (págs. 38-46). Nueva York: Guilford Press.
— y DEAGLE, E. A. (1997): «The nature and extent of body-image disturbances in anorexia nervosa and bulimia nervosa: A meta-analysis». *International Journal of Eating Disorders,* 22(2), 107-126.
CLAUSEN, L. (2004): «Time course of symptom remission in eating disorders». *International Journal of Eating Disorders,* 36(3), 296-306.
CONNAN, F. (1998): «Machismo nervosa: An ominous variant of bulimia nervosa?». *European Eating Disorders Review,* 6, 154-159.
COOLEY, E. y TORAY, T. (2001): «Body image and personality predictors of eating disorder». *International Journal of Eating Disorders,* 30(1), 28-36.

FAIRBURN, C. G.; PEVELER, R. C.; JONES, R.; HOPE, R. A. y DOLL, H. A. (1993): «Predictors of 12-month outcome in bulimia nervosa and the influence of attitudes to shape and weight». *Journal of Consulting and Clinical Psychology*, 61(4), 696-698.
—; SHAFRAN, R. y COOPER, Z. (1999): «A cognitive behavioural theory of anorexia nervosa». *Behaviour Research and Therapy*, 37, 1-13.
—; COOPER, Z. y SHAFRAN, R. (2003): «Cognitive behaviour therapy for eating disorders: A 'transdiagnostic' theory and treatment». *Behaviour Research and Therapy*, 41, 509-528.
FREEMAN, R. J.; BEACH, B.; DAVIS, R. y SOLYMON, L. (1985): «The prediction of relapse in bulimia nervosa». *Journal of Psychiatric Research*, 19, 398-431.
GARFINKEL, P. E.; GOLDBLOOM, D.; DAVIS, R.; OLMSTED, M. P.; GARNER, D. M. y HALMI, K. A. (1992): «Body dissatisfaction in bulimia nervosa: relationship to weight and shape concerns and psychological functioning». *International Journal of Eating Disorders*, 11(2),151-161.
GARNER, D. M. y GARFINKEL, P. E. (1981): «Body image in anorexia nervosa: Measurement, theory and clinical implications». *International Journal of Psychiatry in Medicine*, 11(3), 263-284.
—; OLMSTED, M. P.; POLIVY, J. y GARFINKEL, P. E. (1984): «Comparison between weight-preoccupied women and anorexia nervosa». *Psychosomatic Medicine*, 46, 255-266.
GLEAVES, D. H.; WILLIAMSON, D. A. y BARKER, S. E. (1993): Confirmatory factor analysis of a multidimensional model of bulimia nervosa». *Journal of Abnormal Psychology*, 102, 173-176.
GRANT, L. E.; KIM, S. W. y ECKERT, E. D. (2002): «Body dysmorphic disorder in patients with anorexia nervosa: Prevalence, clinical features, and delusionality of body image». *International Journal of Eating Disorders*, 32(3), 291-300.
GUINEY, K. M. y FURLONG, N. E. (1999): «Correlates of body satisfaction and self-concept in third and sixth graders». *Current Psychology: Developmental, Learning, Personality, Social*, 18, 353-367.

GUNSTAD, J. y PHILLIPS, K. A. (2003): «Axis I comorbidity in body dysmorphic disorder». *Comprehensive Psychiatry*, 44, 270-276.

JACOBI, C.; DAHME, B. y RUSTENBACH, S. (1997): «Comparison of controlled psycho- and pharmacotherapy studies in bulimia and anorexia nervosa». *Psychotherapie, Psychosomatik, Medizinische Psychologie*, 47(9-10), 346-364.

JOHNSON, F. y WARDLE, J. (2005): «Dietary restraint, body dissatisfaction, and psychological distress: a prospective analysis». *Journal of Abnormal Psychology*, 114(1), 119-125.

JOINER, G. W. y KUSHUBECK, S. (1996): «Acculturation, body image, self-esteem, and eating disorder symptomatology in adolescent Mexican American women». *Psychology of Women Quarterly*, 20(3), 419-435.

KHANDELWAL, S. K.; SHARAN, P. y SAXENA, S. (1995): «Eating disorders: An Indian perspective». *International Journal of Social Psychiatry*, 41(2), 132-146.

KEEL, P. K.; MITCHELL, J. E.; MILLER, K. B.; DAVIS, T. L. y CROW, S. J. (1999): «Long-term outcome of bulimia nervosa». *Archive of General Psychiatry*, 56(1), 63-69.

LEE, S.; HO, T. P. y HSU, L. K. (1993): «Fat phobic and non-fat phobic anorexia nervosa: A comparative study of 70 Chinese patients in Hong Kong». *Psychological Medicine*, 23(4), 999-1017.

NEZIROGLU, F. y KHEMLANI-PATEL, S. (2002): «A review of cognitive and behavioural treatment for body dysmorphic disorder». *CNS Spectrums*, 7(6), 464-471.

O'DEA, J. A. y ABRAHAM, S. (2000): «Improving the body image, eating attitudes, and behaviors of young male and female adolescents: A new educational approach that focuses on self-esteem». *International Journal of Eating Disorders*, 28, 43-57.

PALMER, R. L. (1993): «Weight concern should not be a necessary criterion for the eating disorders: A polemic». *International Journal of Eating Disorders*, 14(4), 459-465.

PHILLIPS, K. A. y DIAZ, S. (1997): «Gender differences in body dysmorphic disorde»r. *Journal of Nervous and Mental Disease*, 185, 570-577.

—; McElroy, S. L.; Keck Jr., P. E.; Pope Jr., H. G. y Hudson, J. I. (1993): «Body dysmorphic disorder: 30 cases of imagined ugliness». *American Journal of Psychiatry,* 150, 302-308.

Polivy, J. y Herman, C. P. (2002): «Causes of eating disorders». *Annual Review o f Psychology,* 53, 187-213.

Reas, D. L.; Whisenhunt, B. L.; Netemeyer, R. y Williamson, D. A. (2002): «Development of the Body Checking Questionnaire: A self-report measure of body checking behaviors». *International Journal o f Eating Disorders,* 31(3), 324-333.

Rorty, M.; Yager, J. y Rossotto, E. (1993): «Why and how do women recover from bulimia nervosa. The subjective appraisals of forty women recovered for a year or more». *International Journal of Eating Disorders,* 14, 249-260.

Rosen, J. C. (1996): «Body image assessment and treatment in controlled studies of eating disorders». *International Journal o f Eating Disorders,* 20, 331-343.

— (1997): «Cognitive-behavioural body image therapy», en D. M. Garner y P. E. Garfinkel (eds.), *Handbook of Treatment for Eating Disorders* (págs. 188-201). Nueva York: Guilford Press.

— y Ramírez, E. (1998): «A comparison of eating disorders and body dysmorphic disorder on body image and psychological adjustment». *Journal of Psychosomatic Research,* 44(3-4), 441-449.

Ruffolo, J. S.; Phillips, K. A.; Menard, W.; Fay, C. y Weisberg, R. B. (2006): «Comorbidity of body dysmorphic disorder and eating disorders: Severity of psychopathology and body image disturbance». *International Journal o f Eating Disorders,* 39(1), 11-19.

Springer, E. A.; Winzelberg, A. J.; Perkins, R. y Barr Taylor, C. (1999): «Effects of a body image curriculum for college students on improved body image». *International Journal of Eating Disorders,* 26(1), 13-20.

Stice, E. (2001): «Risk factors for eating pathology: Recent advances and future directions», en R. H. Striegel-Moore y L. Smolak (eds.), *Eating Disorders: Innovative Directions in Research and Practice* (págs. 51-73). Washington, DC: American Psychological Association.

— (2002): «Risk and maintenance factors for eating pathology: A meta-analytic review». *Psychological Bulletin*, 128(5), 825-848.
— y AGRAS, W. S. (1998): «Predicting onset and cessation bulimic behaviors during adolescence: A longitudinal grouping analysis». *Behavior Therapy*, 29, 257-276
— y BEARMAN, S. K. (2001): «Body-image and eating disturbances prospectively predict increases in depressive symptoms in adolescent girls: A growth curve analysis». *Developmental Psychology*, 37(5), 597-607.
— y WHITENTON, K. (2002): «Risk factors for body dissatisfaction in adolescent girls: A longitudinal investigation». *Developmental Psychology*, 38(5), 669-678.
—; PRESNELL, K. y REARMAN, S. K. (2001): «Relation of early menarche to depression, eating disorders, substance abuse and comorbid psychopathology among adolescent girls». *Developmental Psychology*, 37(5), 608-619.
WILSON, G. T. (1999): «Cognitive behavior therapy for eating disorders: Progress and problems». *Behavior Research and Therapy*, 37, 79-95.
— (2004): «Acceptance and change in the treatment of eating disorders. The evolution of manual based cognitive therapy», en S. C. Hayes, V. M. Follette y M. M. Linehan (eds.), *Mindfulness and Acceptance: Expanding the Cognitive Behavioral Tradition* (págs. 243-260). Nueva York: Guilford Press.
ZIMMERMAN, M. y MATTIA, J. I. (1998): «Body dysmorphic disorder in psychiatric outpatients: Recognition, prevalence, comorbidity, demographic, and clinical correlates». *Comprehensive Psychiatry*, 39, 265-270.

Lecturas recomendadas

PHILLIPS, K. A. (2005): *The Broken Mirror: Understanding and Treating Body Dysmorphic Disorder.* Oxford: Oxford University Press.

WILHELM, S. (2006): *Feeling Good About the Way You Look: A Program for Overcoming Body Image Problems*. Nueva York: Guilford Press.

Capítulo 3

Referencias

ANDREWS, B.; QIAN, M. y VALENTINE, J. D. (2002): «Predicting depressive symptoms with a new measure of shame: The Experience of Shame Scale». *British Journal Of Clinical Psychology*, 41(1), 29-42.

BECKER, C. B. y ZAYFERT, C. (2001): «Integrating DBT-based techniques and concepts to facilitate exposure treatment for PTSD». *Cognitive and Behavioral Practice*, 8, 107-122.

BEN-TOVIM, D. I. y WALKER, M. K. (1991): «The development of the Ben-Tovim Walker Body Attitudes Questionnaire (BAQ), a new measure of women's attitudes towards their own bodies». *Psychological Medicine*, 21(3), 775-784.

BUTTERS, J. W. y CASH, T. F. (1987): «Cognitive-behavioral treatment of women's body image dissatisfaction». *Journal of Consulting and Clinical Psychology*, 55(6), 889-897.

CASH, T. F. (2002): «Body image: Cognitive behavioural perspectives on body image», en T. F. Cash y T. Pruzinsky (eds.), *Body Images: A Handbook of Theory, Research, and Clinical Practice* (págs. 38-46). Nueva York: Guilford Press.

— y DEAGLE, E. A. (1997): «The nature and extent of body-image disturbances in anorexia nervosa and bulimia nervosa: A meta-analysis». *International Journal of EatingDisorders*, 22(2), 107-126.

— y LABARGE, A. S. (1996): «Development of the Appearance Schemas Inventory: A new cognitive body-image assessment». *Cognitive Therapy and Research*, 20, 37-50.

— y PRUZINSKY, T. (eds.) (2002): *Body Image: A Handbook of Theory, Research, and Clinical Practice*. Nueva York: Guilford Press.

—; SANTOS, M. T. y WILLIAMS, E. F. (2005): «Coping with body-image threats and challenges: Validation of the Body Image Coping Strategies Inventory». *Journal of Psychosomatic Research,* 58(2), 190-199.

COLLINS, J. K.; BEAUMONT, P. J. V.; TOUYZ, S. W.; KRASS, J.; THOMPSON, P. y PHILIPS, T. (1987): «Variability in body shape perception in anorexic bulimic obese and control subjects». *International Journal of Eating Disorders,* 6, 633-638.

DELINSKY, S. S. y WILSON, G. T. (2006): «Mirror exposure for the treatment of body image disturbance». *International Journal of Eating Disorders,* 39, 108-116.

DRYDEN, W. (1998): *Developing Self-Acceptance.* Chichester: Wiley.

FAIRBURN, C. G.; COOPER, Z. y SHAFRAN, R. (2003): «Cognitive behaviour therapy for eating disorders: A 'transdiagnostic' theory and treatment». *Behaviour Research and Therapy,* 41, 509-528.

FARRELL, C.; SHAFRAN, R. y FAIRBURN, C. G. (2004): «Mirror cognitions and behaviors in people concerned about their body shape». *Behavioral and Cognitive Psychotherapy,* 32, 225-229.

—; —; LEE, M. y FAIRBURN, C. (2006): «Testing a brief cognitive-behavioural intervention to improve extreme shape concern: A case series». *Behavioural and Cognitive Psychotherapy,* 33, 189-200.

FOLLETTE, V. M.; PALM, K. M. y RASMUSSEN HALL, M. L. (2004): «Acceptance mindfulness and trauma», en S. C. Hayes, V. M. Follette y M. Linchan (eds.), *Mindfulness and Acceptance: Expanding the Cognitive Behavioral Tradition.* Nueva York: Guilford Press.

FREEMAN, R.; TOUYZ, S.; SARA, G.; RENNIE, C.; GORDON, E. y BEAUMONT, P. (1991): «In the eye of the beholder: Processing body shape information in anorexic and bulimic patients». *International Journal of Eating Disorders,* 10, 709-714.

GARNER, D. M. (1991): *Eating Disorders Inventory-2 professional manual.* Odessa, FL: Psychological Assessment Resources.

GELLER, J.; JOHNSTON, C. y MADSEN, K. (1997): «The role of shape and weight in self concept: The shape and weight-based self esteem inventory». *Cognitive Therapy and Research,* 21(1), 5-24.

—; —; —; Goldner, E.; Remick, R. y Birmingham, L. (1998): «Shape and weight-based self-esteem and the eating disorders». *International Journal of Eating Disorders*, 24, 285-298.

—; Srikameswaran, S.; Cockell, S. J. y Zaitsoff, S. L. (2000): The assessment of shape and weight-based self-esteem in adolescents». *International Journal of Eating Disorders*, 28, 339-345.

—; Zaitsoff, S. y Srikameswaran, S. (2002): «Beyond shape and weight: Exploring the relationship between non-body determinants of self-esteem and eating disorder symptoms in adolescent females». *International Journal o f Eating Disorders*, 32(3), 344-351.

Gilbert, P. (2005): *Compassion: Conceptualisations, Research and Use in Psychotherapy.* Hove: Routledge.

Hayes, S. C.; Follette, V. M. y Linchan, M. (eds.) (2004): *Mindfulness and Acceptance:Expanding the Cognitive Behavioral Tradition.* Nueva York: Guilford Press.

—; Luoma, J. B.; Bond, F. W.; Masuda, A. y Lillis, J. (2006): «Acceptance and commitment therapy: Model, processes and outcomes». *Behaviour Research and Therapy*, 44, 1-25.

Hilbert, A. y Tuschen-Caffier, B. (2004): «Body image interventions in cognitive-behavioural therapy of binge-eating disorder: A component analysis». *Behaviour Research and Therapy*, 42(11), 1325-1339.

—;— y Vogele, C. (2002): «Effects of prolonged and repeated body image exposure in binge-eating disorder». *Journal of Psychosomatic Research*, 52(3), 137-144.

Horne, R. L.; Vactor, J. C. van y Emerson, S. (1991): «Disturbed body image in patients with eating disorders». *American Journal of Psychiatry*, 148, 211-215.

Jaycox, L. H.; Zoellner, L. y Foa, E. B. (2002): «Cognitive-behavior therapy for PTSD in rape survivors». *Journal of Clinical Psychology*, 58(8), 891-906.

Kabat-Zinn, J. (1990): *Full Catastrophe Living: Using the Wisdom of Your Body and Mind to Face Stress, Pain, and Illness.* Nueva York: Delta.

—; LIPWORTH, L.; BURNEY, R. y SELLERS, W. (1986): «Four year follow-up of a meditation-based program for the self-regulation of chronic pain: Treatment outcomes and compliance». *The Clinical Journal of Pain*, 2, 159-173.

—; MASSION, A. O.; KRISTELLER, J.; PETERSON, L. G.; FLETCHER, K.; PBERT, L.; LINDERKING, W. y SANTORELLI, S. F. (1992): «Effectiveness of a meditation-based stress reduction program in the treatment of anxiety disorders». *American Journal o f Psychiatry*, 149, 936-943.

KEY, A.; GEORGE, C. L.; BEATTIE, D.; STAMMERS, K.; LACEY, H. y WALLER, G. (2002): «Body image treatment within an inpatient program for anorexia nervosa: The role of mirror exposure in the desensitization process». *International Journal of Eating Disorders*, 31(2), 185-190.

KOONS, C.; ROBINS, C.; TWEED, J.; LYNCH, T.; GONZÁLEZ, A.; MORSE, J.; BISHOP, G.; BUTTERSFIELD, M. y BASTIAN, L. (2001): «Efficacy of dialectical behavioural therapy in women veterans with borderline personality disorder». *Behavior Therapy*, 32, 371-390.

KRISTELLER, J. L. y HALLETT, C. B. (1999): «An exploratory study of a meditation-based intervention for binge eating disorder». *Journal of Health Psychology*, 4, 357-363.

LINEHAN, M. M.; ARMSTRONG, H. E.; SUÁREZ, A.; ALLMON, D. y HEARD, H. L. (1991): «Cognitive-behavioural treatment of chronically parasuicidal borderline patients». *Archives of General Psychiatry*, 48, 1060-1064.

—; SCHMIDT, H. L y DIMEFF, L. A. (1999): «Dialectical behavior therapy for patients with borderline personality disorder and drug dependence». *American Journal on the Addictions*, 8, 279-292.

MYERS, A. y ROSEN, J. C. (1999): «Obesity stigmatization and coping: Relation to mental health symptoms, body image, and self-esteem». *International Journal of Obesity and Related Metabolic Disorders*, 23(3), 221-230.

Norris, D. L. (1984): «The effects of mirror confrontation on self-estimation of body dimensions in anorexia nervosa, bulimia and two control groups». *Psychological Medicine,* 14(4), 835-842.

Posavac, H. D.; Posavac, S. S. y Weigel, R. G. (2001): «Reducing the impact of media images on women at risk for body image disturbance: Three targeted interventions». *Journal of Social and Clinical Psychology,* 20(3), 324-340.

Reas, D. L.; Whisenhunt, B. L.; Netemeyer, R. y Williamson, D. A. (2002): «Development of the body checking questionnaire: A self-report measure of body checking behaviors». *International Journal of Eating Disorders,* 31(3), 324-333.

Reibel, D. K.; Greeson, J. M.; Brainard, G. C. y Rosenzweig, S. (2001): «Mindfulness-based stress reduction and health related quality of life in a heterogeneous patient population». *General Hospital Psychiatry,* 23, 183-192.

Rosen, J. C. (1996): «Body image assessment and treatment in controlled studies of eating disorders». *International Journal of Eating Disorders,* 20, 331-343.

—; Saltzberg, E. y Srebnik, D. (1989): «Cognitive behavior therapy for negative body image». *Behavior Therapy,* 20, 393-404.

—; Gado, S.; Silberg, S.; Srebnik, D. y Wendt, S. (1990): «Cognitive behaviour therapy with and without size perception training for women with body image disturbance». *Behavior Therapy,* 21, 481-498.

—; Srebnik, D.; Saltzberg, E. y Wendt, S. (1991): «Development of a Body Image Avoidance Questionnaire». *Psychological Assessment,* 3(1), 32-37.

Rosenberg, M. (1965): *Society and the Adolescent Self Image.* Princeton, NJ: Princeton University Press.

Safer, D. L.; Telch, C. F. y Agras, W. S. (2001): «Dialectical behavior therapy for bulimia nervosa». *American Journal of Psychiatry,* 158, 632-634.

Segal, Z. V.; Williams, J. M. G. y Teasdale, J. D. (2002): *Mindfulness-Based Cognitive Therapy for Depression: A New Approach to Preventing Relapse.* Nueva York: Guilford Press.

Shafran, R.; Fairburn, C. G.; Robinson, P. y Lask, B. (2004): «Body checking and its avoidance in eating disorders». *International Journal of Eating Disorders,* 35(1), 93-101.

Stewart, T. M. (2004): «Light on body image treatment. Acceptance through mindfulness». *Behavior Modification,* 28(6), 783-811.

— y Williamson, D. A. (2003): «Body Positive: A new treatment for persistent body image disturbances in partially recovered eating disorders». *Clinical Case Studies,* 2(2), 154-166.

Stice, E.; Telch, C. F. y Rizvi, S. L. (2000): «Development and validation of the Eating Disorder Diagnostic Scale: A brief self-report measure of anorexia, bulimia, and binge-eating disorder». *Psychological Assessment,* 12(2), 123-131.

Teasdale, J. D.; Segal, Z. V. y Williams, J. M. G. (1995): «How does cognitive therapy prevent depressive relapse and why should attentional control (mindfulness) training help?». *Behaviour Research and Therapy,* 33, 25-39.

—; —; —; Ridgeway, V. A.; Soulsby, J. M. y Lau, M. A. (2000): «Prevention of relapse/recurrence in major depression by mindfulness-based cognitive therapy». *Journal of Consulting and Clinical Psychology,* 68(4), 615-623.

Telch, C. F., Agras, W. S. y Linchan, M. M. (2001): «Dialectical behavior therapy for binge eating disorder». *Journal of Consulting and Clinical Psychology,* 69, 1061-1065.

Toro, J.; Salamero, M. y Martínez, E. (1994): «Assessment of sociocultural influences on the aesthetic body shape model in anorexia nervosa». *Acta Psychiatrica Scandinavica,* 84, 47-51.

Veale, D. (2002): «Overvalued ideas: A conceptual analysis». *Behaviour Research and Therapy,* 40, 383-400.

Williamson, D. A.; Muller, S. L.; Reas, D. y Thaw, J. M. (1999): «Cognitive bias in eating disorders: Implications for theory and treatment». *Behavior Modifıcation,* 23(4), 556-577.

—; Stewart, T. M.; White, M. A. y York-Crowe, E. (2002): «An information processing perspective on body image», en T. F. Cash y T. Pruzinsky (eds.), *Body Image: A Handbook of Theory, Research, and Clinical Practice* (págs. 47-55). Nueva York: Guilford Press.

WILSON, G. T. (1996a): «Acceptance and change in the treatment of eating disorders and obesity». *Behaviour Therapy,* 27, 417-439.
— (1996b): «Treatment of bulimia nervosa when CBT fails». *Behaviour Research and Therapy,* 34, 197-212.
— (1999): «Cognitive behavior therapy for eating disorders: Progress and problems». *Behavior Research and Therapy,* 37, 79-95.

Lecturas recomendadas

CASH, T. F. (1995): *What Do You See When You Look in the Mirror? Helping Yourself to a Positive Body Value Image.* Nueva York: Bantam Books.
ROSEN, J. C. (1997): «Cognitive behavioral body image therapy», en D. M. Garner y P. E. Garfinkel (eds.), *Handbook of Treatment for Eating Disorders* (2.ª ed.). Nueva York: Guilford Press.
WILSON, G. T. (2004): «Acceptance and change in the treatment of eating disorders. The evolution of manual based cognitive therapy», en S. C. Hayes, V. M. Follette y M. M. Linchan (eds.), *Mindfulness and Acceptance: Expanding the Cognitive Behavioral Tradition* (págs. 243-260). Nueva York: Guilford Press.

Capítulo 4

Referencias

BLENKIRON, P. (2005): «Stories and analogies in cognitive behaviour therapy: A clinical review». *Behavioural and Cognitive Psychotherapy,* 33, 45-59.
HAYES, S. C.; FOLLETTE, V. M. y LINCHAN, M. M. (eds.) (2004): *Mindfulness and Acceptance:Expanding the Cognitive Behavioral Tradition.* Nueva York: Guilford Press
KRISHNAMURTI www. krishnamurti-nz. org/quotations. htm
LINEHAN, M. M. (1993): *Cognitive-Behavioural Treatment of Borderline Personality Disorder.* Nueva York: Guilford Press.

MILLER, W. R. y ROLLNICK, S. (1991): *Motivational Interviewing: Preparing People to Change Addictive Behavior.* Nueva York: Guilford Press.

NATIONAL INSTITUTE FOR CLINICAL EXCELLENCE (2004): *Eating Disorders: Core Interventions in the Treatment and Management of Anorexia Nervosa, Bulimia Nervosa and Related Eating Disorders: A National Clinical Practice Guideline.* Londres: NICE.

ORTONY, A. (2006): *Metaphor and Thought.* Cambridge: Cambridge University Press. Padesky, C. (1993): «Socratic questioning: Changing minds or guided discovery? *European Congress of Behavioural and Cognitive Therapies,* Londres.

PADESKY, C. A. y GREENBERGER, D. (1995): *Clinician's Guide to Mind over Mood.* Nueva York: Guilford Press.

ROLLNICK, S. y MILLER, W. R. (1995): «What is motivational interviewing?». *Behavioural and Cognitive Psychotherapy,* 23, 325-334.

SCHMIDT, U. y DAVIDSON, K. (2004): *Life After Self-harm: A Guide to the Future.* Hove: Brunner-Routledge.

— y TREASURE, J. (1997): *Getting Better Bit(e) by Bit(e): Survival Kit for Sufferers of Bulimia Nervosa and Binge Eating Disorders: Clinician's Guide.* Londres: Psychology Press.

STEWART, T. M. (2004): «Light on body image treatment. Acceptance through mindfulness». *Behavior Modification,* 28(6), 783-811.

TREASURE, J. (1997): *Anorexia Nervosa. A Survival Guide for Families, Friends and Sufferers.* Londres: Psychology Press.

WILSON, G. T. (1997): «Treatment manuals in clinical practice». *Behaviour Research and Therapy,* 35, 205-210.

Lecturas recomendadas

CASH, T. F. (1991): *Body Image Therapy: A Program for Self-directed Change.* Nueva York: Guilford Press.

KABAT-ZINN, J. (1994): *Wherever You Go, There You Are: Mindfulness Meditation in Everyday Life.* Nueva York: Hyperion.

Capítulo 5

Referencias

BROWNELL, K. D. (1991): «Dieting and the search for the perfect body. Where physiology and culture collide». *Behaviour Therapy,* 22, 1-12.

GARDNER, R. M. (1996): «Methodological issues in assessment of the perceptual component of body image disturbance». *British Journal of Psychology,* 87(2), 327-337.

GILBERT, P. (2005): *Compassion: Conceptualisations, Research and Use in Psychotherapy.* Hove: Routledge.

GILBERT, S. y THOMPSON, J. K. (1996): «Feminist explanations of the development of eating disorders: Common themes, research findings, and methodological issues». *Clinical Psychology: Science and Practice,* 3(3), 183-202.

GROESZ, L. M.; LEVINE, M. P. y MURNEN, S. K. (2002): «The effect of experimental presentation of thin media images on body satisfaction: A meta analytic review». *International Journal of Eating Disorders,* 31, 1-16.

MILLER, W. R. y ROLLNICK, S. (1991): *Motivational Interviewing: Preparing People to Change Addictive Behavior.* Nueva York: Guilford Press.

NATIONAL INSTITUTE FOR CLINICAL EXCELLENCE (2004): *Eating Disorders: Core Interventions in the Treatment and Management of Anorexia Nervosa, Bulimia Nervosa and Related Eating Disorders: A National Clinical Practice Guideline.* Londres: NICE.

ROLLNICK, S. y MILLER, W. R. (1995): «What is motivational interviewing?». *Behavioural and Cognitive Psychotherapy,* 23, 325-334.

ROSEN, J. C. (1995): «Assessment and treatment of body image disturbance», en K. D. Brownell y C. G. Fairburn (eds.), *Eating Disorders and Obesity. A Comprehensive Handbook* (págs. 369-373). Nueva York: Guilford Press,

— (1997): «Cognitive behavioral body image therapy», en D. M. Garner y P. E. Garfinkel (eds.), *Handbook of Treatment for Eating Disorders* (págs. 188-201). Nueva York: Guilford Press.

ROTHBLUM, E. D. (1994): «'I'll die for the revolution but don't ask me not to diet': Feminism and the continuing stigmatization of obesity», en P. Fallon, M. A. Katzman y S. A. Wooley (eds.), *Feminist Perspectives in Eating Disorders*. Guilford Press: Nueva York.

SHAFRAN, R.; FAIRBURN, C. G.; ROBINSON, P. y LASK, B. (2004): «Body checking and its avoidance in eating disorders». *International Journal of Eating Disorders*, 35(1), 93-101.

STEWART, T. M. (2004): «Light on body image treatment. Acceptance through mindfulness». *Behavior Modification*, 28(6), 783-811.

STICE, E.; TELCH, C. F. y RIZVI, S. L. (2000): «Development and validation of the Eating Disorder Diagnostic Scale: A brief self-report measure of anorexia, bulimia, and binge-eating disorder». *Psychological Assessment*, 12(2), 123-131.

WOLPE, J. (1958): *Psychotherapy by Reciprocal Inhibition*. Stanford, CA: Stanford University Press.

Lecturas recomendadas

BENNETT-GOLEMAN, T. (2002): *Emotional Alchemy: How the Mind Can Heal the Heart*. Nueva York: Three Rivers Press.

CHODRON, P. (2003): *When things fall apart. Heart advice for difficult times*. Londres: Element.

Apéndice 3

Referencias

GILBERT, P. (2005): *Compassion: Conceptualisations, Research and Use in Psychotherapy*. Hove: Routledge.

— y MILES, J. (2002): *Body Shame: Conceptualisation, Research and Treatment*. Hove: Brunner-Routledge.

Referencias

CHODRON, P. (2003): *When Things Fall Apart. Heart Advice for Difficult Times.* Londres: Element.

ÍNDICE ANALÍTICO

abogado del diablo, 78, 91
abuso en la infancia, 28-33
abuso físico, 28-32
abuso laxativo, 29, 31
abuso sexual, 19, 29-32
aceptación, 19, 28, 50, 51, 54-55, 62, 66, 75-76, 92, 102, 110, 113, 117-118, 126, 131, 135, 142, 145, 151, 178, 197, 203, 217
activar la sabiduría interior, 78
«adivinar los pensamientos», 186
adolescencia, 25, 27, 45, 121
afirmaciones de «debería», 188
alianza terapéutica, 67, 69-73
analogías, 72

anorexia nerviosa, 13, 29, 38-42, 46, 48, 51, 58, 92, 143, 161, 214
antidepresivos, 46
atención plena (*mindfulness*), 48, 54-57, 69, 73-74, 81, 99-106, 107-109, 135, 158, 168-177
  de la respiración, 103, 176
  del cuerpo, 108-109, 150
  observar y describir, 103, 118, 127, 131, 169-170
  participativa, 103, 171-173
atención selectiva, 17, 24, 38, 52, 98, 187-188
autoeficacia, 62
autoestima, 13, 19, 23-25, 28-29,

33-34, 37-38, 43, 53, 59, 218, 220
autolesión, 29-31
autovaloración, 28, 38, 40, 53, 58, 139-142, 158, 201, 217

barrido corporal, 107-110, 116
bulimia nerviosa, 13, 30-32, 38, 40-42, 51, 55, 89, 92, 113, 161, 214-215

comorbilidad psiquiátrica, 30
compasión, 58, 76, 81, 138, 142-148, 158, 191, 202-205
cuestionamiento socrático, 67-68, 112
Cuestionario de Actitudes Corporales, 13, 59, 212
Cuestionario de Examen Corporal, 59
Cuestionario de la Evitación de la Imagen Corporal, 59, 111, 215, 220
Cuestionario Examen Corporal y de Evitación, 59, 214, 220
cultura, 17, 20, 22, 24-25, 39, 121, 122-123, 142
    cultura occidental, 28

dar ánimos, 79, 91
depresión, 38, 48, 55, 100
descontento normativo, 18
descubrimiento guiado, 67-69

edad, 25-26, 28, 51
ejercicio, 25, 29, 34, 46
entrar en la paradoja, 77-78

equilibrar aceptación y cambio, 66, 75-76
Escala de Autoestima Rosenberg, 13, 59, 218, 220
Escala de serie continua de la Imagen Corporal, 60, 92, 155, 220
Escala Diagnóstica de Trastorno Alimentario (EDTA), 59, 92-93, 211
esquemas, 50, 96, 146
estimación del tamaño corporal, 51-52
estrategias de compromiso, 71, 77-81, 127
estrategias dialécticas, 77-78
etiquetar, 189
evaluación del resultado, 14, 58
evaluación, 14-16, 18, 20, 25, 28, 58, 85, 87, 160, 211
evidencia de la investigación, 47-48
evitación, 49-51, 55-56, 81, 97-98, 109, 111-113, 127, 167, 193-194, 209, 214
examen corporal, 40, 48, 50, 59
examinar, 44, 68, 92, 111, 137
exposición al espejo, 48, 52, 56, 75, 86, 129-133, 134-136, 160, 200
exposición, 21, 23-24, 32, 48, 52, 55-57, 64, 71, 77, 81, 86, 118, 125-129, 132-137, 148, 151, 158, 160, 182, 191, 193-194, 197, 210
extraer conclusiones, 185-186

factores de riesgo, 28-30, 34, 37-38

familia, papel de la, 26, 33, 96, 145
formulación, 57, 85, 95, 97-98, 139, 160

«generalización excesiva», 185
género, 24, 33
glorificación de la delgadez, 20, 24, 121

hacer «limonada con los limones», 78
historias, 72-75

imagen corporal,
    actitudes de la familia, 26
    definición de, 14-15, 87
    evolución de, 27, 37-38, 96-97
    inversión en, 16-17, 24, 44, 53
    trastorno, 20, 41-42, 51-52
    y abuso infantil, 28-32
    y ansiedad, 44, 98, 127, 130
    y cultura, 17, 20, 28, 39, 123
    y depresión, 38
    y género, 24, 33
    y trastornos alimentarios, 37-39
insatisfacción corporal, 14, 16, 18, 21, 23, 26-27, 29, 37-38, 40-41, 44, 48, 51, 122, 161, 216
inseguridad afectiva, 28-29
Inventario de Esquemas de Aspecto, 59, 217, 220
Inventario de la Autoestima Basada en la Figura y el Peso (SAWBS), 53, 59, 217, 220

«libertad para elegir», 80

magnificación, 52, 187-188
medición del resultado, 58-60
medida del cambio, 60, 156, 211-212
medios de comunicación, 20-21, 23-24, 52, 55-56, 85, 120-122, 124-125, 158, 160, 183
metáforas, 72-75, 82, 93, 108, 111, 123, 140
mito de la transformación personal, 22
modelado, 81

National Institute of Clinical Excellence Guideline for Eating Disorder's, 63
no hacer caso de lo positivo, 187

obesidad, 27

pautas de pensamiento, 123, 158, 184, 190
pensamiento de «todo o nada», 184-186
pensamiento de blanco o negro, 184-186, 190
perfeccionismo, 28
«pie en la puerta», 80, 91, 114, 127
ponerse a dieta, 26-27, 38, 96
ponerse metas, 110, 114-116, 120, 150, 179
postura enjuiciadora, 117, 147, 158, 184
postura no enjuiciadora, 54, 57, 71, 76, 81, 85-86, 102, 116-120, 124-127, 129, 131, 135, 137-138, 148, 151, 158, 160,

173, 178, 181-182, 191, 195, 197, 199, 207
preparación para, 86, 125-128, 160
«pros y contras», 79, 91, 94, 112-113, 141
pubertad, 121-122

razonamiento emocional, 189
rechazo corporal, 16, 52
recuperarse de los trastornos alimentarios, 31, 161

sabiduría interior, 81
ser catastrofista, 185
símiles, 72-75
Subescala de insatisfacción corporal (Inventario de Trastornos Alimentarios-2), 14, 59, 220

tareas para casa, 57, 82, 91, 94, 210
terapia de la aceptación y el compromiso, 55, 57
Terapia de la Conducta Cognitiva, 41, 42, 45, 47, 52, 54-55, 57, 65, 113, 115, 147
Transdiagnóstico TCC, 58
terapia dialéctica conductual, 55
«tomarse las cosas personalmente», 186

trabajo en colaboración, 65-67, 97, 148
trastorno de estrés postraumático, 56
trastorno de ingesta compulsiva, 27, 48, 55, 161, 212
trastorno de la imagen corporal, evaluación, 58-59
   evidencia de base para tratamiento de, 21-35, 37-46, 47-53
   factores de riesgo, 23-31
   factores protectores, 33
   y abuso infantil, 28-32
   y trastornos alimentarios, 21, 37-39, 154
   y trauma, 28, 75-76, 143
trastorno dismórfico corporal (TDC), 14, 18, 29, 43-46, 65, 102
trastorno dismórfico corporal, 14, 18, 43-46
trastornos alimentarios, 11, 14, 16, 18, 21, 23, 30-32, 37-39, 41-42, 44-45, 48-52, 55-57, 62, 64, 69, 87, 96, 100, 121, 143, 159-160, 216
trauma, 28-32, 143

validación, 77, 132, 151
vergüenza corporal, 19, 29, 45